La Edad
de Oro

The Golden
Age

1

La Edad
de Oro

The Golden
Age

1

Jní Martí

Traducción / Translated by:
Elinor Randall

Colección El Zunzuncito

Editorial Voces de Hoy

La Edad de Oro / The Golden Age – No. 1
Primera edición bilingüe / *First bilingual edition, 2014*

Traducción de / *Translated by:*
ELINOR RANDALL

Edición / *Editing:*
JOSEFINA EZPELETA – OLGA MA. GERACI
Diseño y composición digital / *Design and Digital Composition:*
JOSEFINA EZPELETA

© 2014, Editorial Voces de Hoy

ISBN: 978-0-9898294-6-5

Editorial Voces de Hoy
www.vocesdehoy.net
Miami, USA

This year, 2014, marks one hundred twenty-five years since the New York publishing of La Edad de Oro, *a magazine written by Martí for the children of the Americas. Voces de Hoy Publishing House is paying homage to the Cuban "Apostle" by being the first to publish a bilingual edition of* La Edad de Oro *comprising the 1889 four issues of the magazine and its original illustrations.*

Our deepest gratitude to Margaret Randall for her ongoing support. Her mother, Elinor Randall, translated with much love and dedication this Hispanic-American classic.

It is our hope that these four issues not only pay homage to our Jose Martí but also serve as a conduit whereby many more of our children will want to voice Martí's wishes when they say: "This man of The Golden Age *is my friend!"*

En este 2014 se cumplen 125 años de la edición que realizara Martí, en la ciudad de Nueva York, de la revista, para los niños de América, *La Edad de Oro*. La Editorial Voces de Hoy quiere rendir homenaje al Apóstol cubano y publica, por vez primera en el mundo, una edición bilingüe de los cuatro números de la revista con las ilustraciones originales que utilizara Martí en 1889.

Nuestro eterno agradecimiento, por su apoyo, a Margaret Randall, hija de Elinor Randall, quien tradujera, con mucho amor y dedicación, este clásico de las letras hispanoamericanas.

Sirvan estos cuatro volúmenes, además, de homenajear a nuestro José Martí, para que muchos más niños digan, como quiso él: «¡Este hombre de *La Edad de Oro* es mi amigo!»

In the issue of AUGUST the following papers will be published:
The History of Man as Told by His Houses: *With 18 engravings.*
Famous children: *By Samuel Smiles, with pictures.*
Indian Ruins: *With drawings.*
Naughty Nené: *Story, with drawings.*
Story of the Spoon, the Fork and the Knife: *With drawings.*
A Story, Other Papers, and a New Fable.

En el número de AGOSTO se publicarán los artículos siguientes:
La historia del hombre contada por sus casas, *con 18 ilustraciones.*
Niños famosos, *de Samuel Smiles, con ilustraciones.*
Las ruinas indias. *Con dibujos.*
Nené, traviesa. *El cuento, con dibujos.*
Historia de la cuchara, el tenedor y el cuchillo. *Con dibujos.*
Un cuento, otros artículos y una nueva fábula.

In the issue of SEPTEMBER will be published an article with many drawings, describing **The Paris Exhibition**.

En el número de SEPTIEMBRE se publicará un artículo con muchos dibujos describiendo **La exhibición de París**.

VOL. 1
JULY, 1889

No. 1
JULIO DE 1889

THE GOLDEN AGE – *Painting by Edward Magnus*
LA EDAD DE ORO – Cuadro de Edward Magnus

To the Children Who Read
The Golden Age

———

This magazine is for boys, and of course for girls too. Without girls it would be impossible to live, just the way the earth could not live without light. A boy should work, travel about, study, be strong, and be handsome: A boy can become handsome even if he is ugly; a boy who is good, intelligent and neat is always handsome. But he is never more handsome than when he takes a flower in his strong little manly hands and gives it to a little girl who is his friend, or when he takes his sister by the arm to protect her from insults: Then the boy grows and seems to be a giant: The boy is born to be a gentleman, and the girl to be a mother. This magazine is published once a month to talk like good friends to the gentlemen of tomorrow and the mothers of tomorrow; to tell little girls some wonderful stories, which they in turn can tell to their friends and play to their dolls; and to tell boys what they must know to be truly men. We are going to tell them everything they want to know, in plain language and with fine pictures, in such a way that they will clearly understand. We are going to tell them how the world is made: and all that men have done till now.

That is why *The Golden Age* is being published: So that American boys and girls can know how people lived before and how they live now, in America, and in other lands; and how they make so many things out of glass and iron, how steam engines are made, and suspension bridges and electric light; so that when a child sees a colored stone he knows why the stone has colors and what each color means; so the child knows the famous books that tell about the battles and the religions of ancient peoples. We will explain to them everything that is made in workshops, where things happen that are stranger and more interesting than in tales of magic, and they are real magic, more wonderful than the other kind: And we will tell them what is known about the sky and the depths of the sea and the earth: And we will tell them funny tales and children's stories, for those times when the children have studied too much or played too hard and want to rest. We are working for the children because they are the ones who know how to love, because they are the hope of the world. And we want them to love us and to look upon us as close to their hearts.

When a child wants to know something, which is not in *The Golden Age*, he should write to us as though he had always known us, and we will answer. It doesn't matter if the letter comes with spelling mistakes. What matters is that the child is eager to learn. And if the letter is well written, we will print it in our letter columns, with the signature, so as to make it known that the child is esteemed. Children know more than they appear to, and if they were asked to write what they knew, they would write some very good things. This is why *The Golden Age* is going to hold a contest every six months, and the child who submits the best work, provided it is really his, will receive a fine prize of books, together with ten copies of the issue of *The Golden Age* in which his composition appears. What he submits must be in keeping with his age, because to write well on a subject one has to know a lot about it. This is how we want American boys to be: Men who say what they think, and say it well: Men who are eloquent and sincere.

Girls should know the same as boys so that they could speak with them as friends while they are growing up; it is a shame for a man to have to leave his house to find someone to talk to because the women of the house can talk about nothing but amusements and fashions. But there are some things of a tenderer and more delicate nature which are understood better by girls than by boys, and so for the girls we will write in a style that appeals to them. Because *The Golden Age* has its own magician in the house, and he says that in girls' souls something happens similar to what the hummingbird sees as it goes flitting from flower to flower. We will tell the girls about such things, things that the hummingbirds might read if they knew how to read. And we will tell the girls how a fiber of thread is made, how a violet is born, how a needle is manufactured, how the nice old Italian ladies make lace. The girls also may write to us and ask us what they would like to know, and send us their compositions for our twice-yearly contest. The girls will surely win!

We want children to be happy, happy as the young siblings in our illustration. And if a boy from America should happen to meet us somewhere in the world one day, we want him to shake hands firmly, as he would be with an old friend, and say so that everyone may hear:

"This man of *The Golden Age* was my friend!"

José Martí

A los niños que lean
La Edad de Oro

———

Para los niños es este periódico, y para las niñas, por supuesto. Sin las niñas no se puede vivir, como no puede vivir la tierra sin luz. El niño ha de trabajar, de andar, de estudiar, de ser fuerte, de ser hermoso: el niño puede hacerse hermoso aunque sea feo; un niño bueno, inteligente y aseado es siempre hermoso. Pero nunca es un niño más bello que cuando trae en sus manecitas de hombre fuerte una flor para su amiga, o cuando lleva del brazo a su hermana, para que nadie se la ofenda: el niño crece entonces, y parece un gigante: el niño nace para caballero, y la niña nace para madre. Este periódico se publica para conversar una vez al mes, como buenos amigos, con los caballeros de mañana, y con las madres de mañana; para contarles a las niñas cuentos lindos con que entretener a sus visitas y jugar con sus muñecas: y para decirle a los niños lo que deben saber para ser de veras hombres. Todo lo que quieran saber les vamos a decir, y de modo que lo entiendan bien, con palabras claras y con láminas finas. Les vamos a decir cómo está hecho el mundo: les vamos a contar todo lo que han hecho los hombres hasta ahora.

Para eso se publica *La Edad de Oro*: para que los niños americanos sepan cómo se vivía antes, y se vive hoy, en América, y en las demás tierras; y cómo se hacen tantas cosas de cristal y de hierro, y las máquinas de vapor, y los puentes colgantes, y la luz eléctrica; para que cuando el niño vea una piedra de color sepa por qué tiene colores la piedra, y qué quiere decir cada color; para que el niño conozca los libros famosos donde se cuentan las batallas y las religiones de los pueblos antiguos. Les hablaremos de todo lo que se hace en los talleres, donde suceden cosas más raras e interesantes que en los cuentos de magia, y son magia de verdad, más linda que la otra: y les diremos lo que se sabe del cielo, y de lo hondo del mar y de la tierra; y les contaremos cuentos de risa y novelas de niños, para cuando hayan estudiado mucho, o jugado mucho, y quieran descansar. Para los niños trabajamos, porque los niños son los que saben querer, porque los niños son la esperanza del mundo. Y queremos que nos quieran, y nos vean como cosa de su corazón.

Cuando un niño quiera saber algo que no esté en *La Edad de Oro*, escríbanos como si nos hubiera conocido siempre, que nosotros le contestaremos. No importa que la carta venga con faltas de ortografía. Lo que importa es que el niño quiera saber. Y si la carta está bien escrita, la publicaremos en nuestro correo con la firma al pie, para que se sepa que es niño que vale. Los niños saben más de lo que parece, y si les dijeran que escribiesen lo que saben, muy buenas cosas que escribirían. Por eso *La Edad de Oro* va a tener cada seis meses una competencia, y el niño que le mando el trabajo mejor, que se conozca de veras que es suyo, recibirá un buen premio de libros, y diez ejemplares del número de *La Edad de Oro* en que se publique su composición, que será sobre cosas de su edad, para que puedan escribirla bien porque para escribir bien de una cosa hay que saber de ella mucho. Así queremos que los niños de América sean: hombres que digan lo que piensan, y lo digan bien: hombres elocuentes y sinceros.

Las niñas deben saber lo mismo que los niños, para poder hablar con ellos como amigos cuando vayan creciendo; como que es una pena que el hombre tenga que salir de su casa a buscar con quien hablar, porque las mujeres de la casa no sepan contarle más que de diversiones y de modas. Pero hay cosas muy delicadas y tiernas que las niñas entienden mejor, y para ellas las escribiremos de modo que les gusten; porque *La Edad de Oro* tiene su mago en la casa, que le cuenta que en las almas de las niñas sucede algo parecido a lo que ven los colibríes, cuando andan corriendo por entre las flores. Les diremos cosas así como para que las leyesen los colibríes si supiesen leer. Y les diremos como se hace una hebra de hilo, como nace una violeta, como se fabrica una aguja, como tejen las viejecitas de Italia los encajes. Las niñas también pueden escribirnos sus cartas, y preguntarnos cuanto quieran saber, y mandarnos sus composiciones para la competencia de cada seis meses. ¡De seguro que van a ganar las niñas!

Lo que queremos es que los niños sean felices, como los hermanitos de nuestro grabado; y que si alguna vez nos encuentra un niño de América por el mundo nos apriete mucho la mano, como a un amigo viejo, y diga donde todo el mundo lo oiga:

«¡Este hombre de *La Edad de Oro* fue mi amigo!»

José Martí

Three Heroes

It is said that a traveler once reached Caracas at night fall, and even before brushing off the road dust, he asked not where he could eat and sleep, but how he could get to Bolívar's statue. And it is said that the traveler, alone with the tall and fragrant trees of the square, wept in front of the statue, which seemed to be moving, like a father at the approach of a son. The traveler did well, for every American should love Bolívar as a father. We should love Bolívar and all the others who fought as he did so that America would belong to Americans. We should love them all: The famous hero as well as the very last soldier, who is an unknown hero. Men who fight to see their country free even become handsome.

Freedom is everyone's right to be honest and to think and speak without hypocrisy. In America a man could not be honest, or think or speak his mind. A man who hides what he thinks, or dares not say what he thinks, is not an honest man. A man who obeys a bad government, without working to make that government good, is not an honest man. A man who is willing to obey unjust laws, and who allows men who mistreat the land of his birth to tread upon it, is not an honest man. From the moment a child is able to think, he must think about everything he sees, must suffer for all who cannot live honestly, must work to enable all men to be honest, and must himself be honest. The child who is heedless of what happens around him, and who is content merely to live, not caring if he lives honestly, is like a man who lives from the work of a scoundrel and is on the way to becoming a scoundrel.

There are men who are worse than animals, because animals need freedom to live happily: The elephant does not want to bear young while in a cage: The Peruvian llama throws itself to the ground and dies when the Indian speaks harshly to it or puts too big a load on its back. People must be at least as dignified as elephants or llamas. Before America was free, people lived like overloaded llamas. They had to throw off their burden or die.

There are men who can live contentedly even if they do live undignified lives. There are others who suffer as if in agony when they see people around them living without dignity. There must be a certain amount of dignity in the world, just as there must be a certain amount of light. When there are many undignified men, there are always others who have within them the dignity of many men. These are the ones who rebel ferociously against those who rob nations of their freedom, which is robbing men of their dignity. Such men embody thousands of men, an entire nation, human dignity itself. Those men are sacred. These three men are sacred: Venezuela's Bolívar, San Martin from Rio de la Plata, and Mexico's Hidalgo. Their mistakes should be forgiven, because the good they did outweighed their faults. Men cannot be more perfect than the sun. The sun burns and warms with the same light. The sun has sunspots. The ungrateful talk only about the spots. The grateful talk about the light.

Bolívar was a short man. His eyes flashed fire and words streamed from his mouth. He seemed always to be waiting to mount his horse. It was his country, his oppressed country that weighed heavily on his heart, and it would not let him live in peace. All of the Americas seemed to be awakening. One man alone is never worth more than an entire nation; but there are men who never tire when their nation tires, men who decide upon war before their nation does, for they have nobody to consult but themselves, and nations are composed of many people and cannot be consulted so quickly. That was Bolívar's merit, he never tired of fighting for Venezuela's freedom when Venezuela seemed to be tiring. The Spaniards had defeated him: had thrown him out of the country. He went away to an island, seeing his country nearby and thinking about it.

When nobody wanted to help him anymore, a generous Negro came to his aid. One day Bolívar returned to fight, with three hundred heroes, with three hundred liberators. He liberated Venezuela. He liberated New Granada. He liberated Peru. He founded a new nation, the nation of Bolivia. He won sublime battles with the help of soldiers who were half naked and had no shoes. Everything around him shimmered and was filled with light. Generals fought beside him with supernatural bravery. It was an army of youngsters. Never on earth had there been so much fighting, or better fighting, for freedom. Bolívar did not defend men's right to govern themselves as fiercely as he did America's right to be free. The envious exaggerated his faults. Bolívar died from a sorrowful heart, rather than from any sickness, in the house of a Spaniard in Santa Marta. He died poor, but he left a family of nations.

Mexico had courageous men and women who were not many, but very valuable: Half a dozen men and one woman paved the way for making their country free. They were a few brave youths, the husband of a liberal woman, and a village priest of sixty who was extremely fond of the Indians. Ever since his childhood Father Hidalgo had belonged to the good race, those who love knowledge. People who do not love knowledge belong to the bad race. Hidalgo knew French, which was then something to be admired because few people knew it. He read books of the eighteenth-century philosophers, books that explained man's right to be honest and to think and speak without hypocrisy. The sight of Negro slaves filled him with horror. He saw the Indians, who are gentle and generous, mistreated, and felt like an older brother among them, teaching them skills which the Indians learned so well: music, which is comforting, raising worms that produce silk; raising bees that give honey. He was filled with enthusiasm and enjoyed making such things as kilns for drying bricks. Now and then his green eyes were seen to sparkle. Everyone said that the priest from the town of Dolores talked very well, knew much that was new, and was very charitable. They said he used to go to the city of Querétaro occasionally to talk with a few of the brave and with the husband of a good lady. A traitor told a Spanish commander that those friends in Querétaro were trying to set Mexico free. The priest mounted his horse, followed by all his people, who loved him dearly. He set about gathering together the foremen and servants of the haciendas, who would make up the cavalry; the Indians went on foot, carrying sticks and arrows, or slings and lances. A regiment joined him and seized a convoy of gunpowder which was meant for the Spaniards. Hidalgo entered Celaya in triumph, with music and cheering. On the following day the municipal government met, named him general, and a nation was in process of being born. He made lances and hand grenades. He gave talks that warmed the heart and threw sparks, as one foreman said. Hidalgo declared the Negroes free. He returned to the Indians their lands. He published a newspaper which he called *El Despertador Americano*. He won and lost battles. One day seven thousand Indians equipped with arrows joined him, and the next day they left him alone.

The bad people wanted to go with him so they could steal in the towns, and also take revenge upon the Spaniards. He informed the Spanish commanders that if he won the battle about to be fought, he would receive them in his house as friends. That is a great man! He dared to be magnanimous, and he was not afraid that the unruly soldiery, who wanted him to be cruel, would desert him. His companion Allende was jealous of him and so he surrendered the command to Allende. Both men in their defeat were seeking shelter when the Spaniards fell upon them. As if to humiliate Father Hidalgo, the Spaniards stripped him of his priestly vestments one by one. They took him behind a wall and fired fatal shots into his head. He fell while still alive, writhing in his blood, and on the ground they finished him off. They decapitated him and hung his head in a cage in the very same public granary of Granaditas, where his government used to be. The headless bodies were buried. But Mexico is free.

San Martin was the liberator of the South, the father of the Republic of Argentina, the father of Chile. His parents were Spaniards and they sent him to Spain to be a soldier under the king. When Napoleon took his army into Spain to rob the Spaniards of their freedom, all the Spaniards fought against Napoleon: Even the old men and the women and children. One night a brave Catalonian boy routed an entire company, shooting at its soldiers again and again from his hiding place in the mountains: They found the boy dead, killed by hunger and cold; but his face was bathed in light and smiling as if he were happy. San Martin fought very well in the battle of Bailen, and was made lieutenant colonel. He was a man of few words: Seemed to be made of steel: Had the eyes of an eagle: Nobody disobeyed him: His horse raced all over the battlefield like a thunderbolt through the air. As soon as he learned that America was fighting for its freedom, he came to America: What did he care if he had to give up his career as long as he could fulfill his duty?: He arrived in Buenos Aires: Wasted no time on speeches: Raised a squadron of cavalry: Fought his first battle in San Lorenzo: Sword in hand, San Martin went after the Spaniards, who were very self-confident and beating their drums; they lost their drums, their cannons, and their flag.

In other nations of America the Spaniards were winning: Morillo the Cruel had thrown Bolívar out of Venezuela: Hidalgo was dead: O'Higgins had fled Chile: But wherever San Martin was, America continued being free. There are men who cannot bear to see slavery. San Martin was one of them, and so he went on to liberate Chile and Peru. In eighteen days he and his army crossed the bitterly cold and very high Andes: The hungry and thirsty men marched as if they were sky-walking: Below, far below, the trees looked like grass and the waterfalls roared like lions. Then San Martin found himself facing the Spanish army, and he shattered it in the Battle of Maipu, defeating it for good in the Battle of Chacabuco. He liberated Chile. Then he and his troops boarded ships and sailed on to liberate Peru. But Bolívar was already there, and so San Martin gave him the glory.

San Martin went sadly back to Europe, and died in the arms of his daughter Mercedes. He wrote his will on a little sheet of paper, as if it were a battle report. They had given him the banner that the conquistador Pizarro had brought four centuries before, and San Martin in turn bequeathed it to Peru.

A sculptor is admirable because he can make a fig-ure emerge out of rough stone: But these men who make nations are in a sense more than men. At times they wanted what they should not want, but what would not a son forgive his father for? The heart fills with tenderness when one thinks of those gigantic founders of nations. They are heroes; the men who fight to set nations free, or who suffer in poverty and disgrace to defend a great truth. Those who fight for their own ambitions, or to enslave other peoples, or to gain more power, or to rob another nation of its lands are not heroes but criminals.

BOLÍVAR   SAN MARTÍN

HIDALGO

Tres héroes

Cuentan que un viajero llegó un día a Caracas al anochecer, y sin sacudirse el polvo del camino, no preguntó dónde se comía ni se dormía, sino cómo se iba adonde estaba la estatua de Bolívar. Y cuentan que el viajero, solo con los árboles altos y olorosos de la plaza, lloraba frente a la estatua, que parecía que se movía, como un padre cuando se le acerca un hijo. El viajero hizo bien, porque todos los americanos deben querer a Bolívar como a un padre. A Bolívar, y a todos los que pelearon como él porque la América fuese del hombre americano. A todos: al héroe famoso, y al último soldado, que es un héroe desconocido. Hasta hermosos de cuerpo se vuelven los hombres que pelean por ver libre a su patria.

Libertad es el derecho que todo hombre tiene a ser honrado, y a pensar y a hablar sin hipocresía. En América no se podía ser honrado, ni pensar, ni hablar. Un hombre que oculta lo que piensa, o no se atreve a decir lo que piensa, no es un hombre honrado. Un hombre que obedece a un mal gobierno, sin trabajar para que el gobierno sea bueno, no es un hombre honrado. Un hombre que se conforma con obedecer a leyes injustas, y permite que pisen el país en que nació los hombres que se lo maltratan, no es un hombre honrado. El niño, desde que puede pensar, debe pensar en todo lo que ve, debe padecer por todos los que no pueden vivir con honradez, debe trabajar porque puedan ser honrados todos los hombres, y debe ser un hombre honrado. El niño que no piensa en lo que sucede a su alrededor, y se contenta con vivir, sin saber si vive honradamente, es como un hombre que vive del trabajo de un bribón, y está en camino de ser bribón.

Hay hombres que son peores que las bestias, porque las bestias necesitan ser libres para vivir dichosas: el elefante no quiere tener hijos cuando vive preso: la llama del Perú se echa en la tierra y se muere, cuando el indio le habla con rudeza o le pone más carga de la que puede soportar. El hombre debe ser, por lo menos, tan decoroso como el elefante y como la llama. En América se vivía antes de la libertad como la llama que tiene mucha carga encima. Era necesario quitarse la carga, o morir.

Hay hombres que viven contentos aunque vivan sin decoro. Hay otros que padecen como en agonía cuando ven que los hombres viven sin decoro a su alrededor. En el mundo ha de haber cierta cantidad de decoro, como ha de haber cierta cantidad de luz. Cuando hay muchos hombres sin decoro, hay siempre otros que tienen en sí el decoro de muchos hombres. Esos son los que se rebelan con fuerza terrible contra los que les roban a los pueblos su libertad, que es robarles a los hombres su decoro. En esos hombres van miles de hombres, va un pueblo entero, va la dignidad humana. Esos hombres son sagrados. Estos tres hombres son sagrados: Bolívar, de Venezuela; San Martín, del Río de la Plata; Hidalgo, de México. Se les deben perdonar sus errores, porque el bien que hicieron fue más que sus faltas. Los hombres no pueden ser más perfectos que el sol. El sol quema con la misma luz con que calienta. El sol tiene manchas. Los desagradecidos no hablan más que de las manchas. Los agradecidos hablan de la luz.

Bolívar era pequeño de cuerpo. Los ojos le relampagueaban, y las palabras se le salían de los labios. Parecía como si estuviera esperando siempre la hora de montar a caballo. Era su país, su país oprimido, que le pesaba en el corazón, y, no le dejaba vivir en paz. La América entera estaba como despertando. Un hombre solo no vale nunca más que un pueblo entero; pero hay hombres que no se cansan, cuando su pueblo se cansa, y que se deciden a la guerra antes que los pueblos, porque no tienen que consultar a nadie más que a sí mismos, y los pueblos tienen muchos hombres, y no pueden consultarse tan pronto. Ese fue el mérito de Bolívar, que no se cansó de pelear por la libertad de Venezuela, cuando parecía que Venezuela se cansaba. Lo habían derrotado los españoles: lo habían echado del país. El se fue a una isla, a ver su tierra de cerca, a pensar en su tierra.

Un negro generoso lo ayudó cuando ya no lo quería ayudar nadie. Volvió un día a pelear, con trescientos héroes, con los trescientos libertadores. Libertó a Venezuela. Libertó a la Nueva Granada. Libertó al Ecuador. Libertó al Perú. Fundó una nación nueva, la nación de Bolivia. Ganó batallas sublimes con soldados descalzos y medio desnudos. Todo se estremecía y se llenaba de luz a su alrededor. Los generales peleaban a su lado con valor sobrenatural. Era un ejército de jóvenes. Jamás se peleó tanto, ni se peleó mejor, en el mundo por la libertad. Bolívar no defendió con tanto fuego el derecho de los hombres a gobernarse por sí mismos, como el derecho de América a ser libre. Los envidiosos exageraron sus defectos. Bolívar murió de pesar del corazón, más que de mal del cuerpo, en la casa de un español en Santa Marta. Murió pobre, y dejó una familia de pueblos.

México tenía mujeres y hombres valerosos que no eran muchos, pero valían por muchos: media docena de hombres y una mujer preparaban el modo de hacer libre a su país. Eran unos cuantos jóvenes valientes, el esposo de una mujer liberal, y un cura de pueblo que quería mucho a los indios, un cura de sesenta años. Desde niño fue el cura Hidalgo de la raza buena, de los que quieren saber. Los que no quieren saber son de la raza mala. Hidalgo sabía francés, que entonces era cosa de mérito, porque lo sabían pocos. Leyó los libros de los filósofos del siglo dieciocho, que explicaron el derecho del hombre a ser honrado, y a pensar y a hablar sin hipocresía. Vio a los negros esclavos, y se llenó de horror. Vio maltratar a los indios, que son tan mansos y generosos, y se sentó entre ellos como un hermano viejo, a enseñarles las artes finas que el indio aprende bien: la música, que consuela; la cría del gusano, que da la seda; la cría de la abeja, que da miel. Tenía fuego en sí, y le gustaba fabricar: creó hornos para cocer los ladrillos. Le veían lucir mucho de cuando en cuando los ojos verdes. Todos decían que hablaba muy bien, que sabía mucho nuevo, que daba muchas limosnas el señor cura del pueblo de Dolores. Decían que iba a la ciudad de Querétaro una que otra vez, a hablar con unos cuantos valientes y con el marido de una buena señora. Un traidor le dijo a un

comandante español que los amigos de Querétaro tra-
taban de hacer a México libre. El cura montó a caballo,
con todo su pueblo, que lo quería como a su corazón;
se le fueron juntando los caporales y los sirvientes de
las haciendas, que eran la caballería; los indios iban
a pie, con palos y flechas, o con hondas y lanzas. Se le
unió un regimiento y tomó un convoy de pólvora que
iba para los españoles. Entró triunfante en Celaya, con
músicas y vivas. Al otro día juntó el Ayuntamiento, lo
hicieron general, y empezó un pueblo a nacer. Él fa-
bricó lanzas y granadas de mano. Él dijo discursos que
dan calor y echan chispas, como decía un caporal de
las haciendas. Él declaró libres a los negros. Él les de-
volvió sus tierras a los indios. El publicó un periódico
que llamó *El Despertador Americano*. Ganó y perdió
batallas. Un día se le juntaban siete mil indios con flechas, y al otro día lo dejaban solo.

La mala gente quería ir con él para robar en los
pueblos y para vengarse de los españoles. Él les avi-
saba a los jefes españoles que si los vencía en la batalla
que iba a darles los recibiría en su casa como amigos.
¡Eso es ser grande! Se atrevió a ser magnánimo, sin
miedo a que lo abandonase la soldadesca, que quería
que fuese cruel. Su compañero Allende tuvo celos de
él, y él le cedió el mando a Allende. Iban juntos bus-
cando amparo en su derrota cuando los españoles les
cayeron encima. A Hidalgo le quitaron uno a uno, como para ofenderlo, los vestidos de sacerdote. Lo saca-
ron detrás de una tapia, y le dispararon los tiros de
muerte a la cabeza. Cayó vivo, revuelto en la sangre,
y en el suelo lo acabaron de matar. Le cortaron la
cabeza y la colgaron en una jaula, en la Alhóndiga

misma de Granaditas, donde tuvo su gobierno. Enterraron los cadáveres descabezados. Pero México es libre.

San Martín fue el libertador del Sur, el padre de la República Argentina, el padre de Chile. Sus padres eran españoles, y a él lo mandaron a España para que fuese militar del rey. Cuando Napoleón entró en España con su ejército, para quitarles a los españoles la libertad, los españoles todos pelearon contra Napoleón: pelearon los viejos, las mujeres, los niños; un niño valiente, un catalancito, hizo huir una noche a una compañía, disparándole tiros y más tiros desde un rincón del monte: al niño lo encontraron muerto, muerto de hambre y de frío; pero tenía en la cara como una luz, y sonreía, como si estuviese contento. San Martín peleó muy bien en la batalla de Bailén, y lo hicieron teniente coronel. Hablaba poco: parecía de acero: miraba como un águila: nadie lo desobedecía su caballo iba y venía por el campo de pelea, como el rayo por el aire. En cuanto supo que América peleaba para hacerse libre, vino a América: ¿qué le importaba perder su carrera, si iba a cumplir con su deber?: llegó a Buenos Aires: no dijo discursos: levantó un escuadrón de caballería: en San Lorenzo fue su primera batalla: sable en mano se fue San Martín detrás de los españoles, que venían muy seguros, tocando el tambor, y se quedaron sin tambor, sin cañones y sin bandera.

En los otros pueblos de América los españoles iban venciendo: a Bolívar lo había echado Morillo el cruel de Venezuela: Hidalgo estaba muerto: O'Higgins salió huyendo de Chile: pero donde estaba San Martín siguió siendo libre la América. Hay hombres así, que no

pueden ver esclavitud. San Martín no podía; y se fue
a libertar a Chile y al Perú. En dieciocho días cruzó
con su ejército los Andes altísimos y fríos: iban los hombres como por el cielo, hambrientos, sedientos: abajo,
muy abajo, los árboles parecían yerba, los torrentes ru-
gían como leones. San Martín se encuentra al ejército
español y lo deshace en la batalla de Maipú, lo derrota
para siempre en la batalla de Chacabuco. Liberta a Chile.
Se embarca con su tropa, y va a libertar al Perú. Pero
en el Perú estaba Bolívar, y San Martín le cede la gloria. Se fue a Europa triste, y murió en brazos de su hija
Mercedes. Escribió su testamento en una cuartilla de
papel, como si fuera el parte de una batalla. Le habían
regalado el estandarte que el conquistador Pizarro trajo
hace cuatro siglos, y él le regaló el estandarte en el
testamento al Perú.

Un escultor es admirable, porque saca una figura de la
piedra bruta: pero esos hombres que hacen pueblos son
como más que hombres. Quisieron algunas veces lo
que no debían querer; pero ¿qué no le perdonará un
hijo a su padre? El corazón se llena de ternura al pensar en esos gigantescos fundadores. Esos son héroes;
los que pelean para hacer a los pueblos libres, o los
que padecen en pobreza y desgracia por defender una
gran verdad. Los que pelean por la ambición, por hacer
esclavos a otros pueblos, por tener más mando, por
quitarle a otro pueblo sus tierras, no son héroes, sino
criminales.

Two Miracles

A naughty little boy
 Went chasing butterflies;
The rascal gave each one a kiss,
 And let them go among the roses.

Upon the ground, in a marshy place,
 The trunk of a sycamore lay;
A sunbeam fell on the rotted wood
 And a golden bird flew out.

Dos milagros

Iba un niño travieso
    Cazando mariposas;
Las cazaba el bribón, les daba un beso,
    Y después las soltaba entre las rosas.

Por tierra, en un estero,
    Estaba un sicomoro;
Le da un rayo de sol, y del madero
    Muerto, sale volando un ave de oro.

Meñique

(FROM THE FRENCH, by LABOULAYE)

A TALE OF MAGIC ABOUT A WISE YOUNG BOY NAMED MEÑIQUE,[1] IN WHICH ONE SEES THAT KNOWLEDGE IS WORTH MORE THAN STRENGTH.

 I

In a very strange country a long time ago there lived a peasant who had three sons: Pedro, Pablo and Juancito. Pedro was big and fat with a red face and was pretty dim; Pablo was pale and sickly and filled with envy and jealousy; Juancito was pretty as a woman and more bouncy than a bedspring, but so tiny that he could hide in one of his father's boots. Nobody called him Juancito, but Meñique.

The peasant was so poor that they made a party in the house whenever someone brought home a penny. Bread was very costly even it was black bread; and they had no way to earn a living. As soon as the three children were grown up enough, the father begged them, for their own good, to leave the unhappy shack

---

[1] In English it means "little finger."

and go out into the world to seek their fortune. Their hearts ached to leave their old father alone, and to bid farewell forever to the trees they had planted, to the little hut where they were born, and to the brook from which they drank water out of their cupped hands.

About a league from there, the country's king had a magnificent palace, all made of wood with twenty balconies of carved oak, and six small windows. And it happened that suddenly, on a very hot night, there sprouted from out of the ground, in front of the six little windows, an enormous oak tree with such thick branches and so much foliage that it left the king's palace in the dark. It was an enchanted tree and there was no axe that could chop it down because the cutting edge was made dull by the hardness of the trunk, and for every branch cut off, two would grow out. The king offered to give three sackfuls of money to anyone who could rid the palace of that huge tree; but there stood the oak, bursting forth with branches and roots, and the king had to get used to lighting lamps in day-time.

Kings are capricious and this little one wanted to have his way. He ordered the town criers to go through all the towns and on all the roads of his kingdom to stake placards bearing the royal arms, offering his daughter in marriage to anyone who could cut down the tree and dig the well, and giving him half his lands as well. The lands were the most fertile, and the princess was famous for her intelligence and beauty; so it was that an army of strong men came from everywhere, with axes over their shoulders and carrying pickaxes. But all the axes were dented against the oak tree, and all the pickaxes shattered against the rock.

That was not all, however. Because in that country springs gushed up even from the stones on the roads; but the palace had no water. The people of the palace washed their hands with beer and shaved with honey. The king had promised to give many lands and much money and the title of marquis to anyone who could dig a well in the castle courtyard where water could be kept for a whole year. But nobody won the reward because the palace was built upon a rock, and as soon as the earth was scraped away from the top, there was a layer of granite underneath. Only an inch of soil covered it.

The peasant's three sons heard the crier's announcement and headed for the palace, not believing that they were going to marry the princess, only that they would try to find some work among so many people. The three went on and on, Pedro always content, Pablo talking to himself alone, and Meñique prancing here and there, poking his nose into all the footpaths and hiding places, seeing everything with his shining, squirrel-like eyes. At every step of the way he had something new to ask of his brothers: Why bees put their little heads into the flowers, why swallows fly so near the water, why butterflies do not fly straight. Pedro burst out laughing, and Pablo shrugged his shoulders and ordered him to be quiet.

After walking on and on they came to a very dense pine grove that covered a whole mountain, and they heard a loud noise as if coming from an axe and the sound of trees falling up there at the summit.

"I'd like to know why they go all the way up there to cut wood," said Meñique.

"He who knows nothing wants to know everything," said Pablo, half grumbling.

"Apparently this little puppet has never heard anyone cut wood," said Pedro, twisting Meñique's cheek with a good pinch.

"I'm going to see what they're doing up there," said Meñique.

"Go on, idiot, but you'll come down very tired for not believing what your older brothers tell you."

And from branches to stones, leaping and treading, Meñique climbed up to where the sound came from. And what did Meñique find at the top? Well, an enchanted axe that chopped all by itself and was felling a very stout pine tree.

"Good day, Mrs. Axe," said Meñique, "aren't you tired of chopping down that very old tree all by yourself?"

"I've been waiting for you for a long time, my son," replied the axe.

"Well, here I am," said Meñique.

And without starting to tremble or asking any more questions, he put the axe in his big leather bag and climbed down the mountain, leaping and singing.

"What did you, he who wants to know everything, see up there?" asked Pablo, thrusting out his lower lip and looking at Meñique the way a tower looks at a pin.

"Well, the axe we heard," answered Meñique."Now the little puppet sees the foolishness of poking his nose into all this sweaty work for nothing," said Pedro the fat one.

Soon the whole path became stony, and a distant sound was heard like a piece of iron striking a rock.

"I would like to know who is splitting stones so far away," said Meñique.

"Here is a chick just broken out of its egg, and he's never heard a woodpecker pecking at a tree trunk," said Pablo.

"Stay with us, kid, because that's only a wood-pecker pecking at a tree trunk," said Pedro.

"I'm going to see what's happening over there."

On his knees here, and half dragging himself along there, Meñique climbed up on the rock as he heard how Pedro and Pablo were busting out laughing. And what did Meñique find over there on the rock? Well, and enchanted pickaxe picking away all by itself, splitting the rock, as if it were butter.

"Good day, Mr. Pickaxe," said Meñique. "Aren't you tired of picking at this old rock, so all alone?"

"I've been waiting for you for many years, my son," replied the pickaxe.

"Well, here I am," said Meñique.

And without a bit of fear he grabbed the pickaxe, pulled it out of its handle, put the two parts into his big leather bag and climbed down over those stones, romp-ing about and singing.

"And what miracle did your lordship see over there?" asked Pablo, his mustache twisted into two points.

"A pickaxe was what we heard," answered Meñi-que, and he continued walking without saying another word.

Farther on they came to a stream, and stopped to take a drink because it was very hot.

"I should like to know," said Meñique, "where so much water comes from in a valley as flat as this one."

"Great big conceited one," said Pablo; "you want to poke your nose into everything. Don't you know that springs come out of the ground?"

"I'm going to see where this water comes from."

And the brothers kept on with their pranks; but Me-ñique started walking along the bank of the stream which was becoming narrower and narrower until it was only a thread. And what did Meñique find when he reached the end? Well, an enchanted nutshell out of which bubbled some clear water sparkling in the sun.

"Good day, Mr. Stream," said Meñique; "aren't you tired of living all alone in your corner, gushing water?"

"I've been waiting for you for many years," an-swered the stream.

"Well, here I am," said Meñique.

And without the least fear he took the nutshell, wrapped it well in some cool moss so that the water would not spill out, put it into his big leather bag, and went back to where he had been, leaping and singing.

"Now do you know where the water comes from?" shouted Pedro.

"Yes, brother, it comes from a little hole."

"Oh, talent has eaten up this friend of ours! That's why he doesn't grow!" said Pablo, the pale one.

"I've seen what I wanted to see, and I know what I wanted to know," said Meñique to himself. And he went on his way, rubbing his hands together.

 III

They finally arrived at the king's palace. The oak tree was growing bigger than ever, the well had not been able to be dug, and at the gate was the placard bearing the royal arms, proclaiming that the king promised to give his daughter in marriage and give half of his kingdom to anyone who could chop down the oak tree and dig the well, whether he was a noble at court or a comfortable vassal or a poor peasant. But the king, weary of so many useless trials, had stuck beneath the big placard a smaller one, which said in red letters:

"Let men know by this placard that your lord and king, like the good king he is, has deigned to order that anyone who fails to chop down the oak tree, or fails to dig the well he comes to dig, shall have his ears cut off under the very oak tree he comes to chop down; to teach him to know himself and be modest, which is the first lesson of wisdom."

And around this placard were nailed thirty bloody ears cut off close to the head from fifteen men who thought they were stronger than they were.

When reading this notice Pedro burst out laughing, twisted the ends of his mustache, looked at his arms with those muscles that resembled ropes, swung his axe twice around his head, and with a single blow chopped off one of the thickest branches of the cursed tree. But immediately two powerful branches sprouted just where the axe had cut, and without further ceremony the king's soldiers sliced off his ears.

"Good-for-nothing!," said Pablo, who went to the tree, axe in hand, and with a single blow cut off a big root. But two enormous ones grew out in place of that one.

And the furious king ordered the ears cut off that fellow who refused to learn from the head of his brother.

But Meñique's heart did not feel small, and he threw himself into his task.

"Take that midget away from here!" said the king, "and if he refuses to leave, cut off his ears!"

"Sir King, your word is sacred. A man's word is law, Sir King. By your placard I have the right to prove my luck. You'll have time to cut off my ears if I fail to chop down that tree."

"And they'll cut off your nose as well, if you fail."

With much labor Meñique took the enchanted axe out of his big leather bag. The axe was bigger than Meñique. And Meñique said to it: "Chop, axe, chop!"

And the axe chopped, cut, chipped, hacked off the branches, cut down the trunk, pulled up the roots, cleared the ground roundabout, to right and left, and piled up so much firewood from the tree that the palace was kept warm by that oak tree all that winter.

When not a single leaf from the tree was left, Meñique went to where the king was sitting beside the princess, and greeted them most courteously.

"Now where does the king wish me, your servant, to dig the well?"

The whole court went to the palace courtyard to watch the well being dub. The king climbed up to a platform higher than the seats of the rest; the princess's chair was on a lower step, and she looked with surprise at that undersized man who was going to be given to her as a husband.

Serene as a rose, Meñique opened the big leather bag, affixed the handle to the pickaxe, put it in the place indicated by the king, and said to it: "Dig, pickaxe, dig!"

The pickaxe began to dig, and the granite started to scatter into pieces, and in less than a quarter of an hour there was a well one hundred feet deep.

"Does my king think that the well is deep enough?"

"It is deep, but it has no water."

"It will," said Meñique. He put his arm into the big leather bag, took the moss away from the nutshell, and put the shell into a fountain that had been filled with flowers. And when it was deep inside the earth, he said: "Gush up, water, gush up!"

And the water started to gush up among the flowers with a gentle murmur, refresh the air of the courtyard, and fall in such abundant cascades that within a quarter of an hour the well was full, and it was necessary to make a canal to carry off the surplus water.

"And now," said Meñique, kneeling upon one knee, "does my king believe I've done all you asked of me?"

"Yes, Marquis Meñique," replied the king, "and I shall give you half my kingdom; or better yet I'll buy from you what your half is worth, with the taxes I'm going to levy upon my vassals, who will be very happy to pay because their lord and king has good water. But you can't marry my daughter because that's something of which I alone am not master."

"What more do you wish me to do, King?" asked Meñique, pausing on tiptoes with his little hand on his hip and looking at the princess face to face.

"I shall tell you tomorrow, Marquis Meñique," the king said; "now go to sleep in the best bed in my palace."

But when the king went away Meñique went out to find his brothers, who looked like two mouse-catching dogs with their ears cut off.

"Tell me, brothers, if I didn't do well in wishing to know everything, and in discovering the source of the water."

"Luck, that was all; just luck," said Pablo. "Luck, is blind and favors fools."

"Little brother," said Pedro, "with ears or without them, I think what you've done is very good, and I should like daddy to come here to see you."

And Meñique took his two brothers, Pedro and Pablo, to sleep in fine beds.

IV

The king was unable to sleep that night. It was not gratitude that kept him awake, but the disturbing thought of allowing his daughter to marry that little fellow who could fit into one of his father's boots. Like the good king he was, he no longer wanted to keep his promise, and the words of Marquis Meñique were still buzzing in his ears: "Sir King, your word is sacred. A man's word is law, King."

The king ordered Pedro and Pablo to be found, because they were the only ones who could tell him who Meñique's parents were, and if Meñique was a person of good character and excellent manners, as fathers-in-law want their sons-in-law to be, because life without courtesy is more bitter than quassia or broom. Pedro had many good things to say about Meñique, which put the king in bad humor; but Pablo left the king very happy, because he told him that the marquis was a pedantic adventurer, a worthless person with a mustache, a poisonous fang, a chickpea full of ambition, and unworthy of marrying so important a lady as the daughter of the great king who had done him the honor of cutting off his ears: "That deformed hobgoblin is so vain," said Pablo, "that he thinks he can fight with a giant. There's one hereabouts who makes the country people deathly afraid because he takes all their sheep and cows for his feasts. And Meñique never tires of saying that he can make the giant his servant."

"That we shall have to see," said the king, satisfied. And he slept very well in what was left of the night. And they say that he have smiled in his sleep, as if he were thinking of something pleasant.

As soon as the sun rose, the king made Meñique appear before his entire court. And Meñique came fresh as the morning, smiling like the heavens, and bright as a flower.

"Dear son-in-law," said the king, "a man of your honesty cannot marry a woman as rich as the princess without giving her a large house with servants to wait upon her as she must be waited upon in the royal palace. In this forest there is a twenty-foot-tall giant who eats a whole ox for breakfast, and when he is thirsty at noon he drinks a field of melons. Just imagine what a handsome servant that giant will make with a three-cornered hat, a dress coat with gold epaulets, and fifteen-foot halberd. That is the gift my daughter will demand of you before deciding to marry you."

"It is not an easy thing," answered Meñique, "but I'll try to give her the giant to wait upon her as a servant, with his fifteen-foot-long halberd and his three-cornered hat and his dress coat with gold epaulets."

He went to the kitchen, put the enchanted axe, a loaf of fresh bread, a piece of cheese and a knife into his big leather bag; tossed the bag over his shoulder and left for the forest, while Pedro cried and Pablo laughed, thinking that their brother would never return from the giant's forest.

The grass in the forest was so tall that Meñique was never able to see about him, and he started shouting at the top of his lungs: "Hey, giant, giant! Where are you, giant? Here comes Meñique, ready to carry off the giant, dead or alive."

"Here I am," said the giant, with a booming voice that made the trees shrink from fear. "Here I am, coming to swallow you down in one gulp."

"Don't be in such a hurry, friend," said Meñique with his little flute-like voice, "don't be in such a hurry for I have an hour to spend talking with you."

And the giant turned his head to all sides without knowing who was talking to him, until it occurred to him to lower his eyes, and there below, as small as a kingbird, he saw Meñique sitting upon a stump with a big leather bag between his knees.

"Is it you, great big rascal, who robbed me of my sleep?" asked the giant, devouring him with his eyes that looked like flames.

"Yes, I am, friend, yes I am, for I've come to make you my servant."

"I'll hurl you with a fingertip up there into the crow's nest so the crow will peck out your eyes as a punishment for entering my forest without a license."

"Don't be in such a hurry, friend, for this forest is as much mine as yours, and if you say another word I'll knock it down in a quarter of an hour."

"That I should like to see," said the enormous giant.

Meñique took out his axe and said to it: "Chop, axe, chop!" And the axe chopped, cut, chipped, knocked down branches, cut down trunks, pulled up roots, cleared the ground roundabout, right and left, and the trees fell upon the giant like hail upon glass in a store.

"Stop, stop," said the frightened giant, "who are you who can chop down my forest?"

"I am the great wizard Meñique, and with one word to my axe, it will cut off your head. You don't know to whom you're talking. Be still right where you are!"

And the giant stood still, hands at his sides, while Meñique opened his big leather bag and began eating his bread and cheese.

"What is that white stuff you're eating?" asked the giant, who had never seen cheese.

"I'm only eating stones, and that's why I'm stronger than you, for you eat meat that makes you fat. I'm stronger than you. Show me your house."

And the giant, meek as a dog, started walking ahead until he reached an enormous house, with a door a three-masted ship could go through, and a balcony the size of an empty theater.

"Listen," Meñique said to the giant: "One of the two of us has to be master of the other. Let's make a pact. If I cannot do what you do, I'll be your servant; if you cannot do what I do, you'll be my servant."

"Agreed," said the giant; "I'd like to have a man like you as a servant, because I'm tired of thinking and you have a head for both of us. All right then, here are my two pails: Bring me some water for dinner."

Meñique raised his head and saw the two pails which were the size of two tanks ten feet high and six feet from one edge to the other. It would be easier for Meñique to drown in those pails than to carry them.

"Hi!" said the giant, opening his terrible mouth; "you're defeated at the very start. Do what I do, friend, and bring me the water."

"And why must I carry it?" said Meñique. "You carry it because you are a beast of burden. I'll go to the stream and will carry it in my arms and fill your pails, and you'll have water."

"No, no," said the giant, "you left the forest without any trees, and now you're going to leave me without any water to drink. Light the fire and I'll fetch the water."

Meñique lighted the fire, and the giant took down a caldron that was hanging from the ceiling, and put into it a whole ox cut into pieces, and a load of turnips, and four baskets of carrots, and fifty cabbages. And from time to time he skimmed off the foam with a pan and tasted it, adding some salt and thyme until he found it good.

"Off to the table, the meal's ready," said the giant, "and let us see if you can do what I do, for I'm going to eat this whole ox and then eat you for dessert."

"All right, friend," said Meñique. But before sitting down he put the opening of his big leather bag, that reached from his neck to his feet, under his jacket.

And the giant ate and ate, and Meñique was not left behind, only that instead of putting the cabbages and carrots and turnips and pieces of ox into his mouth, he put them into the big leather bag.

"Ugh. I can't eat any more!" said the giant. "I have to unbutton one of my jacket buttons."

"Well look at me, unhappy giant," said Meñique, and threw a whole cabbage into the bag.

"Oh," said the giant, "I have to unbutton another button. What a stomach of an ostrich this little man has. One can well see that you're made to eat stones."

"Go on, lazy one," said Meñique, "eat the way I do." And he threw a big chunk of ox into the bag.

"Wham!" said the giant, "my third button snapped off; I can't even fit a pea into my stomach: How are you, wizard?"

"Me?" said Meñique; "nothing is easier than to make a little more space."

And he took the knife and split open his jacket and the big leather bag from top to bottom.

"Now it is your turn," said Meñique to the giant; "you do what I'm going to do."

"Many thanks," said the giant. "I prefer to be your servant. I can't digest stones."

The giant kissed Meñique's hand as a sign of respect, seated him upon his right shoulder, threw a sack of gold coins over his left, and set out on the road to the palace.

 V

They were having a great feast in the palace, without remembering Meñique or who was responsible for giving them their water and light; when they suddenly heard a very loud noise that made the walls dance as if some extraordinary hand were shaking the world. It was the giant, who could not fit through the front door and had knocked it down with the tip of his toe. Everyone rushed to the windows to see what caused that

noise, and they saw Meñique seated very calmly upon
the shoulder of the giant whose head touched the balcony where the king himself stood. Meñique jumped to
the balcony, knelt upon one knee before the princess,
and said: "My Princess and Mistress, you wanted
a servant and here are two at your feet."

This gallant speech, which was published the next
day in the court newspaper, left the king frightened, for
he could not find an excuse for Meñique not to marry
his daughter. "Daughter," he said under his breath,
"you must sacrifice yourself for the word of your father the king."

"Daughter of a king or a peasant," she replied, "a
woman must marry the one who pleases her. Let me
defend myself, Father, in this matter that interests me."
"Meñique," the princess continued aloud, "you are brave
and lucky, but that is not enough to please a woman."

"I already know, My Princess and Mistress; I must
obey your will and your whims."

"I see you're a man of talent" said the princess.
"Since you are such a good guesser, I'm going to subject you to one last test before marrying you. Let's see
who is more intelligent, you or I. If you lose, I'll be
free to marry another husband."

Meñique greeted her reverently. The entire court
went to watch the test in the throne room where they
found the giant seated upon the floor with the halberd
in front of him and his hat on his knees, for he could
not stand on his feet in the throne room because of his
height. Meñique gave a signal and the giant began to
walk in a crouching gait, touching the ceiling with his

back and dragging the halberd, until he reached Meñique and threw himself at his feet, proud of having
the people see that he had so ingenious a man for
a master.

"Let us begin with a joke," said the princess. "They
say that women tell many lies. Let's see which of us
two tells the biggest lie. The first one to say: 'That is
too much!' loses."

"At your service, My Princess and Mistress, I shall
lie in jest, and tell the truth with all my soul."

"I'm sure," said the princess, "that your father hasn't
as many lands as mine. When two shepherds blow
their horns on my father's lands at nightfall, none of
the two hears the horn of the other."

"That is mere a trifle," said Meñique. "My father
has so many lands that a two month old calf that enters
by one gate is already a milch cow when it leaves by
the other."

"That doesn't astonish me," said the princess. "Your
corral doesn't have a bull as big as mine. Two men
seated upon its horns can't touch each other with
a twenty-foot-long pole."

"That is mere a trifle," said Meñique. "The bull in
my corral has a head so big that a man mounted upon
one horn can't see the man on the other."

"That doesn't astonish me," said the princess. "The
cows in your corral don't give as much milk as the
cows in mine, because every morning we fill twenty
barrels and we take from each milking a pile of cheese
as high as the Egyptian pyramids."

"That is mere a trifle," said Meñique. "In the dairy of my house they make such big cheeses that one day the mare fell into the kneading-trough and it took a week to find her. The poor animal's spine was broken and I attached a pine tree to her from her neck to her tail, which served as a new spine. But early one morning a branch sprouted from the pine, and it grew so tall that I climbed up it and touched the sky. And in the sky I saw a lady all dressed in white, braiding a rope from sea foam. I seized the rope and it broke and I fell into a cave filled with rats. And in that rat cave were your father and my mother, each one spinning on a spinning wheel like two little old people. And your father was spinning so badly that my mother pulled him by the ears until your father's mustache fell off."

"That is too much!" said the princess. "Nobody has ever pulled my father by the ears!"

"Master, Master!" said the giant. "She said, 'That is too much!' The princess is ours."

 VI

"Not yet," said the princess, blushing. "I have to give you three riddles, and if you solve them correctly, we shall be married right away. First tell me: What is always falling but never breaks?"

"Oh!" said Meñique; "my mother rocked me to sleep with that story: It is a waterfall!"

"Now tell me," said the princess, very much afraid: "What is it that takes the same road every day but never turns back?"

"Oh!" said Meñique; "my mother rocked me to sleep with that story: It is the sun!"

"The sun it is," said the princess, pale with rage. "Now there is only one riddle left. What are you thinking that I am not thinking? What am I thinking that you are not thinking? What is it that neither of us is thinking?"

Meñique bowed his head as if in doubt, and the fear of losing could be seen in his face.

"Master," said the giant, "if you do not guess this riddle, do not heat up your brain. Send me a signal and I'll take charge of the princess."

"Be quiet, servant," said Meñique; "you well know that force is of no use for anything. Let me think."

"My Princess and Mistress," said Meñique after a few instants in which the light could be heard to flow. "I scarcely dare to guess your riddle, although I see my happiness in it. I think I understand what you want to tell me, and you think I do not understand. You think, as the noble princess you are, that this servant or yours is not unworthy of being your husband, and I do not think that I have succeeded in deserving you. And what neither of us thinks is that the king your father and this unhappy giant have such poor..."

"Be still," said the princes; "here is my hand as wife, Marquis Meñique."

"What do you think of me, I want to know?" asked the king.

"Lord and Father," replied the princess, throwing herself into his arms, "you're the wisest of kings and the best of men."

"Of course, of course," said the king; "and now let me do something for the good of my people. Meñique, I pronounce you Duke!"

"Long live my lord and master, Duke Meñique!" cried the giant with a voice that turned the courtiers blue with fear, shattered the stucco of the roof, and made the glass leap out of the six windows.

 **VII**

There was not much in particular in the marriage of the princess and Meñique, because there is nothing to be said about marriages at first, only later when life's difficulties begin and one sees whether the two help each other and love each other well, or they are selfish and cowardly. But the teller of this tale has to say that the giant was so happy with the marriage of his master that he went putting his three-cornered hat upon all the trees he could find, and when the newlywed's carriage came out, for it was made of pure mother-of-pearl and was drawn by four horses gentle as doves, he tossed the carriage upon his head, horses and all, and went off running and cheering until he left them at the palace gate the way a mother would leave her child in the cradle. This must be said because it is not a daily occurrence.

At night there were speeches, and poets reciting wedding verses to the couple, and colored lights in the garden, and fireworks for the king's servants, and many garlands and floral wreaths. Everyone talked and sang, ate sweets, drank aromatic beverages, and danced most elegantly and honorably in time with violin music, the violinists dressed in blue silk, a small cluster of violets in the buttonholes of their dress coats. But in a corner there was one person who neither sang nor talked, that was Pablo the envious, the pale-face, the earless, who could not bear to see his brother so happy, and so he went off to the forest to keep himself from hearing or seeing, and he died there because the bears ate him up in the dark of night.

Meñique was so small that the courtiers did not know at first if they ought to treat him with respect or view him as some laughable object. But his courtesy and kindness won him the affection of his wife and of the entire court, and when the king died, he took over the command and was king for fifty-two years. They say he ruled so well that his vassals never wanted any other king but Meñique, who was only pleased when he saw his people content, and never took from the poor the money they earned from their work, as did other kings who gave it to their lazy friends, or to the henchmen who defended them from the neighboring monarchs. They truly tell that there was no king as good as Meñique.

But there is no need to say that Meñique was good. So talented a man has to be good; because a stupid one is not good and a good one is not stupid. Having talent is having a good heart; he who has a good heart has talent. All rascals are fools. The good are those who win in the long run. And he who learns a better lesson from this tale, let him tell it in Rome.

Meñique

(DEL FRANCÉS, DE LABOULAYE)

*CUENTO DE MAGIA, DONDE SE RELATA LA HISTORIA DEL
SABICHOSO MEÑIQUE, Y SE VE QUE EL SABER VALE MÁS
QUE LA FUERZA.*

I

En un país muy extraño vivió hace mucho tiempo un
campesino que tenía tres hijos: Pedro, Pablo y Juancito. Pedro era gordo y grande, de cara colorada, y de
pocas entendederas; Pablo era canijo y paliducho, lleno de envidias y de celos; Juancito era lindo como una
mujer, y más ligero que un resorte, pero tan chiquitín
que se podía esconder en una bota de su padre. Nadie
le decía Juan, sino Meñique.

El campesino era tan pobre que había fiesta en la
casa cuando traía alguno un centavo. El pan costaba
mucho, aunque era pan negro; y no tenían cómo ga-
narse la vida. En cuanto los tres hijos fueron bastante
crecidos, el padre les rogó por su bien que salieran de
su choza infeliz, a buscar fortuna por el mundo. Les
dolió el corazón de dejar solo a su padre viejo, y decir
adiós para siempre a los árboles que habían sembrado,

a la casita en que habían nacido, al arroyo donde bebían el agua en la palma de la mano.

Como a una legua de allí tenía el rey del país un palacio magnífico, todo de madera, con veinte balcones de roble tallado, y seis ventanitas. Y sucedió que de repente, en una noche de mucho calor, salió de la tierra, delante de las seis ventanas, un roble enorme con ramas tan gruesas y tanto follaje que dejó a oscuras el palacio del rey. Era un árbol encantado, y no había hacha que pudiera echarlo a tierra, porque se le mellaba el filo en lo duro del tronco, y por cada rama que le cortaban salían dos. El rey ofreció dar tres sacos llenos de pesos a quien le quitara de encima al palacio aquel arbolón; pero allí se estaba el roble, echando ramas y raíces, y el rey tuvo que conformarse con encender luces de día.

Y eso no era todo. Por aquel país, hasta de las piedras del camino salían los manantiales; pero en el palacio no había agua. La gente del palacio se lavaba las manos con cerveza y se afeitaba con miel. El rey había prometido hacer marqués y dar muchas tierras y dinero al que abriese en el patio del castillo un pozo donde se pudiera guardar agua para todo el año. Pero nadie se llevó el premio, porque el palacio estaba en una roca, y en cuanto se escarbaba la tierra de arriba, salía debajo la capa de granito. Como una pulgada nada más había de tierra floja.

Los reyes son caprichosos, y este reyecito quería salirse con su gusto. Mandó pregoneros que fueran clavando por todos los pueblos y caminos de su reino el cartel sellado con las armas reales, donde ofrecía casar a su hija con el que cortara el árbol y abriese el pozo, y darle además la mitad de sus tierras. Las tierras eran de lo mejor para sembrar, y la princesa tenía fama de inteligente y hermosa; así es que empezó a venir de todas partes un ejército de hombres forzudos, con el hacha al hombro y el pico al brazo. Pero todas las hachas se mellaban contra el roble, y todos los picos se rompían contra la roca.

II

Los tres hijos del campesino oyeron el pregón, y tomaron el camino del palacio, sin creer que iban a casarse con la princesa, sino que encontrarían entre tanta gente algún trabajo. Los tres iban anda que anda, Pedro siempre contento, Pablo hablándose solo, y Meñique saltando de acá para allá, metiéndose por todas las veredas y escondrijos, viéndolo todo con sus ojos brillantes de ardilla. A cada paso tenía algo nuevo que preguntar a sus hermanos: que por qué las abejas metían la cabecita en las flores, que por qué las golondrinas volaban tan cerca del agua, que por qué no volaban derecho las mariposas. Pedro se echaba a reír, y Pablo se encogía de hombros y lo mandaba callar.

Caminando, caminando, llegaron a un pinar muy espeso que cubría todo un monte, y oyeron un ruido grande, como de un hacha, y de árboles que caían allá en lo más alto.

—Yo quisiera saber por qué andan allá arriba cortando leña —dijo Meñique.

—Todo lo quiere saber el que no sabe nada —dijo Pablo, medio gruñendo.

—Parece que este muñeco no ha oído nunca cortar leña —dijo Pedro, torciéndole el cachete a Meñique de un buen pellizco.

—Yo voy a ver lo que hacen allá arriba —dijo Meñique.

—Anda, ridículo, que ya bajarás bien cansado, por no creer lo que te dicen tus hermanos mayores.

Y de ramas en piedras, gateando y saltando, subió Meñique por donde venía el sonido. Y ¿qué encontró Meñique en lo alto del monte? Pues un hacha encantada, que cortaba sola, y estaba echando abajo un pino muy recio.

—Buenos días, señora hacha —dijo Meñique—: ¿no está cansada de cortar tan solita ese árbol tan viejo?

—Hace muchos años, hijo mío, que estoy esperando por ti —respondió el hacha.

—Pues aquí me tiene —dijo Meñique.

Y sin ponerse a temblar, ni preguntar más, metió el hacha en su gran saco de cuero, y bajó el monte, brincando y cantando.

—¿Qué vio allá arriba el que todo lo quiere saber? —preguntó Pablo, sacando el labio de abajo, y mirando a Meñique como una torre a un alfiler.

—Pues el hacha que oíamos —le contestó Meñique.

—Ya ve el chiquitín la tontería de meterse por nada en esos sudores —le dijo Pedro el gordo.

A poco andar ya era de piedra todo el camino, y se oyó un ruido que venía de lejos, como de un hierro que golpease en una roca.

—Yo quisiera saber quién anda allá lejos picando piedras —dijo Meñique.

—Aquí está un pichón que acaba de salir del huevo, y no ha oído nunca al pájaro carpintero picoteando en un tronco —dijo Pablo.

—Quédate con nosotros, hijo, que eso no es más que el pájaro carpintero que picotea en un tronco —dijo Pedro.

—Yo voy a ver lo que pasa allá lejos.

Y aquí de rodillas, y allá medio a rastras, subió la roca Meñique, oyendo como se reían a carcajadas Pedro y Pablo. ¿Y qué encontró Meñique allá en la roca? Pues un pico encantado, que picaba solo, y estaba abriendo la roca como si fuese mantequilla.

—Buenos días, señor pico —dijo Meñique—: ¿no está cansado de picar tan solito en esa roca vieja?

—Hace muchos años, hijo mío, que estoy esperando por ti —respondió el pico.

—Pues aquí me tiene —dijo Meñique.

Y sin pizca de miedo le echó mano al pico, lo sacó del mango, los metió aparte en su gran saco de cuero, y bajó por aquellas piedras, retozando y cantando.

—¿Y qué milagro vio por allá su señoría? —preguntó Pablo, con los bigotes de punta.

—Era un pico lo que oímos —respondió Meñique, y siguió andando sin decir más palabra.

Más adelante encontraron un arroyo, y se detuvieron a beber, porque era mucho el calor.

—Yo quisiera saber —dijo Meñique— de dónde sale tanta agua en un valle tan llano como éste.

—¡Grandísimo pretencioso —dijo Pablo—: que en todo quiere meter la nariz! ¿No sabes que los manantiales salen de la tierra?

—Yo voy a ver de dónde sale esta agua.

Y los hermanos se quedaron diciendo picardías; pero Meñique echó a andar por la orilla del arroyo, que se iba estrechando, estrechando, hasta que no era más que un hilo. Y ¿qué encontró Meñique cuando llegó al fin? Pues una cáscara de nuez encantada, de donde salía a borbotones el agua clara chispeando al sol.

—Buenos días, señor arroyo —dijo Meñique—: ¿no está cansado de vivir tan solito en su rincón, manando agua?

—Hace muchos años, hijo mío, que estoy esperando por ti —respondió el arroyo.

—Pues aquí me tiene —dijo Meñique.

Y sin el menor susto tomó la cáscara de nuez, la envolvió bien en musgo fresco para que no se saliera el agua, la puso en su gran saco de cuero, y se volvió por donde vino, saltando y cantando.

—¿Ya sabes de dónde viene el agua? —le gritó Pedro.

—Sí, hermano; viene de un agujerito.

—¡Oh, a este amigo se lo come el talento! ¡Por eso no crece! —dijo Pablo, el paliducho.

— Yo he visto lo que quería ver, y sé lo que quería saber —se dijo Meñique a sí mismo. Y siguió su camino, frotándose las manos.

III

Por fin llegaron al palacio del rey. El roble crecía más que nunca, el pozo no lo habían podido abrir, y en la puerta estaba el cartel sellado con las armas reales, donde prometía el rey casar a su hija y dar la mitad de su reino a quienquiera que cortase el roble y abriese el pozo, fuera señor de la corte, o vasallo acomodado, o pobre campesino. Pero el rey, cansado de tanta prueba inútil, había hecho clavar debajo del cartelón otro cartel más pequeño, que decía con letras coloradas:

«Sepan los hombres por este cartel, que el rey y señor, como buen rey que es, se ha dignado mandar que le corten las orejas debajo del mismo roble al que venga a cortar el árbol o abrir el pozo, y no corte, ni abra; para enseñarle a conocerse a sí mismo y a ser modesto, que es la primera lección de la sabiduría.»

Y alrededor de este cartel había clavadas treinta orejas sanguinolentas, cortadas por la raíz de la piel a quince hombres que se creyeron más fuertes de lo que eran.

Al leer este aviso, Pedro se echó a reír, se retorció los bigotes, se miró los brazos, con aquellos músculos que parecían cuerdas, le dio al hacha dos vuelos por encima de su cabeza, y de un golpe echó abajo una de las ramas más gruesas del árbol maldito. Pero enseguida salieron dos ramas poderosas en el punto mismo del hachazo, y los soldados del rey le cortaron las orejas sin más ceremonia.

—¡Inutilón! —dijo Pablo, y se fue al tronco, hacha en mano, y le cortó de un golpe una gran raíz. Pero salieron dos raíces enormes en vez de una.

Y el rey furioso mandó que le cortaran las orejas a aquel que no quiso aprender en la cabeza de su hermano.

Pero a Meñique no se le achicó el corazón, y se le echó al roble encima.

—¡Quítenme a ese enano de ahí! —dijo el rey— ¡y si no se quiere quitar, córtenle las orejas!

—Señor rey, tu palabra es sagrada. La palabra de un hombre es ley, señor rey. Yo tengo derecho por tu cartel a probar mi fortuna. Ya tendrás tiempo de cortarme las orejas, si no corto el árbol.

—Y la nariz te la rebanarán también, si no lo cortas.

Meñique sacó con mucha faena el hacha encantada de su gran saco de cuero. El hacha era más grande que Meñique. Y Meñique le dijo: «¡Corta, hacha, corta!»

Y el hacha cortó, tajo, astilló, derribó las ramas, cercenó el tronco, arrancó las raíces, limpió la tierra en redondo, a derecha y a izquierda, y tanta leña apiló del árbol en trizas, que el palacio se calentó con el roble todo aquel invierno.

Cuando ya no quedaba del árbol una sola hoja, Meñique fue donde estaba el rey sentado junto a la princesa, y los saludó con mucha cortesía.

—¿Dígame el rey ahora dónde quiere que le abra el pozo su criado?

Y toda la corte fue al patio del palacio con el rey, a ver abrir el pozo. El rey subió a un estrado más alto que los asientos de los demás; la princesa tenía su silla en un escalón más bajo, y miraba con susto a aquel hominicaco que le iban a dar para marido.

Meñique, sereno como una rosa, abrió su gran saco de cuero, metió el mango en el pico, lo puso en el lugar que marcó el rey, y le dijo: «¡Cava, pico, cava!»

Y el pico empezó a cavar, y el granito a saltar en pedazos, y en menos de un cuarto de hora quedó abierto un pozo de cien pies.

—¿Le parece a mi rey que este pozo es bastante hondo?

—Es hondo; pero no tiene agua.

—Agua tendrá —dijo Meñique. Metió el brazo en el gran saco de cuero, le quitó el musgo a la cáscara de nuez, y puso la cáscara en una fuente que habían llenado de flores. Y cuando ya estaba bien dentro de la tierra, dijo: «¡Brota, agua, brota!»

Y el agua empezó a brotar por entre las flores con un suave murmullo refrescó el aire del patio, y cayó en cascadas tan abundantes que al cuarto de hora ya el pozo estaba lleno, y fue preciso abrir un canal que llevase afuera el agua sobrante.

—Y ahora —dijo Meñique, poniendo en tierra una rodilla—,¿cree mi rey que he hecho todo lo que me pedía?

—Sí, marqués Meñique —respondió el rey—, y te daré la mitad de mi reino; o mejor, te compraré en lo que vale tu mitad, con la contribución que les voy a imponer a mis vasallos, que se alegrarán mucho de pagar porque su rey y señor tenga agua buena; pero con mi hija no te puedo casar, porque ésa es cosa en que yo solo no soy dueño.

—¿Y qué más quiere que haga, rey? —dijo Meñique, parándose en las puntas de los pies, con la ma-
necita en la cadera, y mirando a la princesa cara a cara.

—Mañana se te dirá, marqués Meñique —le dijo el
rey—; vete ahora a dormir a la mejor cama de mi palacio.

Pero Meñique, en cuanto se fue el rey, salió a buscar a sus hermanos, que parecían dos perros ratoneros,
con las orejas cortadas.

—Díganme, hermanos, si no hice bien en querer
saberlo todo, y ver de dónde venía el agua.

—Fortuna no más, fortuna —dijo Pablo—. La fortuna es ciega, y favorece a los necios.

—Hermanito —dijo Pedro—, con orejas o desorejado creo que está muy bien lo que has hecho, y quisiera
que llegara aquí papá para que te viese.

Meñique se llevó a dormir a camas buenas a sus dos
hermanos, a Pedro y a Pablo.

 IV

El rey no pudo dormir aquella noche. No era el agradecimiento lo que le tenía despierto, sino el disgusto
de casar a su hija con aquel picolín que cabía en una
bota de su padre. Como buen rey que era, ya no quería
cumplir lo que prometió; y le estaban zumbando en los
oídos las palabras del marqués Meñique: «Señor rey,
tu palabra es sagrada. La palabra de un hombre es ley,
rey».

Mandó el rey a buscar a Pedro y a Pablo, porque ellos no más le podían decir quiénes eran los padres de Meñique, y si era Meñique persona de buen carácter y de modales finos, como quieren los suegros que sean sus yernos, porque la vida sin cortesía es más amarga que la cuasia y que la retama. Pedro dijo de Meñique muchas cosas buenas, que pusieron al rey de mal humor; pero Pablo dejó al rey muy contento, porque le dijo que el marqués era un pedante aventurero, un trasto con bigotes, una uña venenosa, un garbanzo lleno de ambición, indigno de casarse con señora tan principal como la hija del gran rey que le había hecho la honra de cortarle las orejas: «Es tan vano ese macacuelo —dijo Pablo— que se cree capaz de pelear con un gigante. Por aquí cerca hay uno que tiene muerta de miedo a la gente del campo, porque se les lleva para sus festines todas sus ovejas y sus vacas. Y Meñique no se cansa de decir que él puede echarse al gigante de criado.»

—Eso es lo que vamos a ver —dijo el rey satisfecho. Y durmió muy tranquilo lo que faltaba de la noche. Y dicen que sonreía en sueños, como si estuviera pensando en algo agradable.

En cuanto salió el sol, el rey hizo llamar a Meñique delante de toda su corte. Y vino Meñique fresco como la mañana, risueño como el cielo, galán como una flor.

—Yerno querido —dijo el rey—, un hombre de tu honradez no puede casarse con mujer tan rica como la princesa, sin ponerle casa grande, con criados que la sirvan como se debe servir en el palacio real. En este bosque hay un gigante de veinte pies de alto, que se almuerza un buey entero, y cuando tiene sed al mediodía se bebe un melonar. Figúrate qué hermoso criado no hará ese gigante con un sombrero de tres picos, una casaca galoneada, con charreteras de oro, y una alabarda de quince pies. Ese es el regalo que te pide mi hija antes de decidirse a casarse contigo.

—No es cosa fácil —respondió Meñique—, pero trataré de regalarle el gigante, para que le sirva de criado, con su alabarda de quince pies, y su sombrero de tres picos, y su casaca galoneada, con charreteras de oro.

Se fue a la cocina; metió en el gran saco de cuero el hacha encantada, un pan fresco, un pedazo de queso y un cuchillo; se echó el saco a la espalda, y salió andando por el bosque, mientras Pedro lloraba, y Pablo reía, pensando en que no volvería nunca su hermano del bosque del gigante.

En el bosque era tan alta la yerba que Meñique no alcanzaba a ver, y se puso a gritar a voz en cuello: «¡Eh, gigante, gigante! ¿dónde anda el gigante? Aquí está Meñique, que viene a llevarse al gigante muerto o vivo».

—Y aquí estoy yo —dijo el gigante, con un vocerrón que hizo encogerse a los árboles de miedo—, aquí estoy yo, que vengo a tragarte de un bocado.

—No estés tan de prisa, amigo —dijo Meñique, con una vocecita de flautín—, no estés tan de prisa, que yo tengo una hora para hablar contigo.

Y el gigante volvía a todos lados la cabeza, sin saber quién le hablaba, hasta que le ocurrió bajar los ojos, y allá abajo, pequeñito como un pitirre, vio a Meñique sentado en un tronco, con el gran saco de cuero entre las rodillas.

—¿Eres tú, grandísimo pícaro, el que me has quitado el sueño? —dijo el gigante, comiéndoselo con los ojos que parecían llamas.

—Yo soy, amigo, yo soy, que vengo a que seas criado mío.

—Con la punta del dedo te voy a echar allá arriba en el nido del cuervo, para que te saque los ojos, en castigo de haber entrado sin licencia en mi bosque.

—No estés tan de prisa, amigo, que este bosque es tan mío como tuyo; y si dices una palabra más, te lo echo abajo en un cuarto de hora.

—Eso quisiera ver —dijo el gigantón.

Meñique sacó su hacha, y le dijo: «¡Corta, hacha, corta!» Y el hacha cortó, tajó, astilló, derribó ramas, cercenó troncos, arrancó raíces, limpió la tierra en redondo, a derecha y a izquierda, y los árboles caían sobre el gigante como cae el granizo sobre los vidrios en el temporal.

—Para, para —dijo asustado el gigante—, ¿quién eres tú, que puedes echarme abajo mi bosque?

—Soy el gran hechicero Meñique, y con una palabra que le diga a mi hacha te corta la cabeza. Tú no sabes con quién estás hablando. ¡Quieto donde estás!

Y el gigante se quedó quieto, con las manos a los lados, mientras Meñique abría su gran saco de cuero, y se puso a comer su queso y su pan.

—¿Qué es eso blanco que comes? —preguntó el gigante, que nunca había visto queso.

—Piedras como no más, y por eso soy más fuerte que tú, que comes la carne que engorda. Soy más fuerte que tú. Enséñame tu casa.

Y el gigante, manso como un perro, echó a andar por delante, hasta que llegó a una casa enorme, con una puerta donde cabía un barco de tres palos, y un balcón como un teatro vacío.

—Oye —le dijo Meñique al gigante—: uno de los dos tiene que ser amo del otro. Vamos a hacer un trato. Si yo no puedo hacer lo que tú hagas, yo seré criado tuyo; si tú no puedes hacer lo que haga yo, tú serás mi criado.

—Trato hecho —dijo el gigante—; me gustaría tener de criado un hombre como tú, porque me cansa pensar, y tú tienes cabeza para dos. Vaya, pues; ahí están mis dos cubos: ve a traerme el agua para la comida.

Meñique levantó la cabeza y vio los dos cubos, que eran como dos tanques, de diez pies de alto, y seis pies de un borde a otro. Más fácil le era a Meñique ahogarse en aquellos cubos que cargarlos.

—¡Hola! —dijo el gigante, abriendo la boca terrible—; a la primera ya estás vencido. Haz lo que yo hago, amigo, y cárgame el agua.

—¿Y para qué la he de cargar? —dijo Meñique—. Carga tú, que eres bestia de carga. Yo iré donde está el arroyo, y lo traeré en brazos, y te llenaré los cubos, y tendrás tu agua.

—No, no —dijo el gigante—, que ya me dejaste el bosque sin árboles, y ahora me vas a dejar sin agua que beber. Enciende el fuego, que yo traeré el agua.

Meñique encendió el fuego, y en el caldero que colgaba del techo fue echando el gigante un buey entero, cortado en pedazos, y una carga de nabos, y cuatro cestos de zanahorias, y cincuenta coles. Y de tiempo en tiempo espumaba el guiso con una sartén, y lo probaba, y le echaba sal y tomillo, hasta que lo encontró bueno.

—A la mesa, que ya está la comida —dijo el gigante—; y a ver si haces lo que hago yo, que me voy a comer todo este buey, y te voy a comer a ti de postres.

—Está bien, amigo —dijo Meñique. Pero antes de sentarse se metió debajo de la chaqueta la boca de su gran saco de cuero, que le llegaba del pescuezo a los pies.

Y el gigante comía y comía, y Meñique no se quedaba atrás, sólo que no echaba en la boca las coles, y las zanahorias, y los nabos, y los pedazos del buey, sino en el gran saco de cuero.

—¡Uf! ¡ya no puedo comer más! —dijo el gigante—; tengo que sacarme un botón del chaleco.

—Pues mírame a mí, gigante infeliz —dijo Meñique, y se echó una col entera en el saco.

—¡Uha! —dijo el gigante—; tengo que sacarme otro botón. ¡Qué estómago de avestruz tiene este hombrecito! Bien se ve que estás hecho a comer piedras.

—Anda, perezoso —dijo Meñique—, come como yo —y se echó en el saco un gran trozo de buey.

—¡Paff! —dijo el gigante—, se me saltó el tercer botón: ya no me cabe un chícharo: ¿cómo te va a ti, hechicero?

—¿A mí? —dijo Meñique—; no hay cosa más fácil que hacer un poco de lugar.

Y se abrió con el cuchillo de arriba abajo la chaqueta y el gran saco de cuero.

—Ahora te toca a ti —dijo al gigante—; haz lo que yo hago.

—Muchas gracias —dijo el gigante—. Prefiero ser
tu criado. Yo no puedo digerir las piedras.

Besó el gigante la mano de Meñique en señal de
respeto, se lo sentó en el hombro derecho, se echó al
izquierdo un saco lleno de monedas de oro, y salió
andando por el camino del palacio.

 V

En el palacio estaban de gran fiesta, sin acordarse de
Meñique, ni de que le debían el agua y la luz; cuando
de repente oyeron un gran ruido, que hizo bailar las
paredes, como si una mano portentosa sacudiese el
mundo. Era el gigante, que no cabía por el portón, y lo
había echado abajo de un puntapié. Todos salieron
a las ventanas a averiguar la causa de aquel ruido,
y vieron a Meñique sentado con mucha tranquilidad en
el hombro del gigante, que tocaba con la cabeza el
balcón donde estaba el mismo rey. Saltó al balcón Meñique, hincó una rodilla delante de la princesa y le
habló así: «Princesa y dueña mía, tú deseabas un criado y aquí están dos a tus pies».

Este galante discurso, que fue publicado al otro día
en el diario de la corte, dejó pasmado al rey, que no
halló excusa que dar para que no se casara Meñique
con su hija.

—Hija —le dijo en voz baja—, sacrifícate por la
palabra de tu padre el rey.

—Hija de rey o hija de campesino —respondió ella—, la mujer debe casarse con quien sea de su gusto. Déjame, padre, defenderme en esto que me interesa. Meñique —siguió diciendo en alta voz la princesa—, eres valiente y afortunado, pero eso no basta para agradar a las mujeres.

—Ya lo sé, princesa y dueña mía; es necesario hacerles su voluntad, y obedecer sus caprichos.

—Veo que eres hombre de talento —dijo la princesa—. Puesto que sabes adivinar tan bien, voy a ponerte una última prueba, antes de casarme contigo. Vamos a ver quién es más inteligente, si tú o yo. Si pierdes, quedo libre para ser de otro marido.

Meñique la saludó con gran reverencia. La corte entera fue a ver la prueba a la sala del trono, donde encontraron al gigante sentado en el suelo con la alabarda por delante y el sombrero en las rodillas, porque no cabía en la sala de lo alto que era. Meñique le hizo una seña, y él echó a andar acurrucado, tocando el techo con la espalda y con la alabarda a rastras, hasta que llegó adonde estaba Meñique, y se echó a sus pies, orgulloso de que vieran que tenía a hombre de tanto ingenio por amo.

—Empezaremos con una bufonada —dijo la princesa—. Cuentan que las mujeres dicen muchas mentiras. Vamos a ver quién de los dos dice una mentira más grande. El primero que diga: «¡Eso es demasiado!» pierde.

—Por servirte, princesa y dueña mía, mentiré de juego y diré la verdad con toda el alma.

—Estoy segura —dijo la princesa— de que tu padre no tiene tantas tierras como el mío. Cuando dos pastores tocan el cuerno en las tierras de mi padre al anochecer, ninguno de los dos oye el cuerno del otro pastor.

—Eso es una bicoca —dijo Meñique—. Mi padre tiene tantas tierras que una ternerita de dos meses que entra por una punta es ya vaca lechera cuando sale por la otra.

—Eso no me asombra —dijo la princesa—. En tu corral no hay un toro tan grande como el de mi corral. Dos hombres sentados en los cuernos no pueden tocarse con un aguijón de veinte pies cada uno.

—Eso es una bicoca —dijo Meñique—. La cabeza del toro de mi casa es tan grande que un hombre montado en un cuerno no puede ver al que está montado en el otro.

—Eso no me asombra —dijo la princesa—. En tu casa no dan las vacas tanta leche como en mi casa, porque nosotros llenamos cada mañana veinte toneles, y sacamos de cada ordeño una pila de queso tan alta como la pirámide de Egipto.

—Eso es una bicoca—dijo Meñique—. En la lechería de mi casa hacen unos quesos tan grandes que un día la yegua se cayó en la artesa, y no la encontramos sino después de una semana. El pobre animal tenía el espinazo roto, y yo le puse un pino de la nuca a la cola, que le sirvió de espinazo nuevo. Pero una mañanita le salió un ramo al espinazo por encima de la piel, y el ramo creció tanto que yo me subí en él y toqué el cielo. Y en el cielo vi a una señora vestida de blanco, trenzando un cordón con la espuma del mar. Y yo me así del hilo, y el hilo se me reventó, y caí dentro de una cueva de ratones. Y en la cueva de ratones estaban tu padre y mi madre, hilando cada uno en su rueca, como dos viejecitos. Y tu padre hilaba tan mal que mi madre le tiró de las orejas hasta que se le caían a tu padre los bigotes.

—¡Eso es demasiado! —dijo la princesa—. ¡A mi padre el rey nadie le ha tirado nunca de las orejas!

—¡Amo, amo! —dijo el gigante—. Ha dicho «¡Eso es demasiado!» La princesa es nuestra.

 VI

—Todavía no —dijo la princesa, poniéndose colorada—. Tengo que ponerte tres enigmas, a que me los adivines, y si adivinas bien, enseguida nos casamos. Dime primero: ¿qué es lo que siempre está cayendo y nunca se rompe?

—¡Oh! —dijo Meñique—; mi madre me arrullaba con ese cuento: ¡es la cascada!

—Dime ahora —preguntó la princesa, ya con mucho miedo:— ¿quién es el que anda todos los días el mismo camino y nunca se vuelve atrás?

—¡Oh! —dijo Meñique—; mi madre me arrullaba con ese cuento: ¡es el sol!

—El sol es —dijo la princesa, blanca de rabia—. Ya no queda más que un enigma. ¿En qué piensas tú y no pienso yo? ¿qué es lo que yo pienso, y tú no piensas? ¿qué es lo que no pensamos ni tú ni yo?

Meñique bajó la cabeza como el que duda, y se le veía en la cara el miedo de perder.

—Amo —dijo el gigante—; si no adivinas el enigma, no te calientes las entendederas. Hazme una seña, y cargo con la princesa.

—Cállate, criado —dijo Meñique—; bien sabes tú que la fuerza no sirve para todo. Déjame pensar.

—Princesa y dueña mía —dijo Meñique, después de unos instantes en que se oía correr la luz—. Apenas me atrevo a descifrar tu enigma, aunque veo en él mi felicidad. Yo pienso en que entiendo lo que me quieres decir, y tú piensas en que yo no lo entiendo. Tú piensas, como noble princesa que eres, en que este criado tuyo no es indigno de ser tu marido, y yo no pienso que haya logrado merecerte. Y en lo que ni yo ni tú pensamos es en que el rey tu padre y este gigante infeliz tienen tan pobres...

—Cállate —dijo la princesa—; aquí está mi mano de esposa, marqués Meñique.

—¿Qué es eso que piensas de mí, que lo quiero saber? —preguntó el rey.

—Padre y señor —dijo la princesa, echándose en sus brazos—; que eres el más sabio de los reyes, y el mejor de los hombres.

—Ya lo sé, ya lo sé —dijo el rey—; y ahora, déjenme hacer algo por el bien de mi pueblo. ¡Meñique, te hago duque!

—¡Viva mi amo y señor, el duque Meñique! —gritó el gigante, con una voz que puso azules de miedo a los cortesanos, quebró el estuco del techo, e hizo saltar los vidrios de las seis ventanas.

VII

En el casamiento de la princesa con Meñique no hubo mucho de particular, porque de los casamientos no se puede decir al principio, sino luego, cuando empiezan las penas de la vida, y se ve si los casados se ayudan y quieren bien, o si son egoístas y cobardes. Pero el que cuenta el cuento tiene que decir que el gigante estaba tan alegre con el matrimonio de su amo que les iba poniendo su sombrero de tres picos a todos los árboles que encontraba, y cuando salió el carruaje de los novios, que era de nácar puro, con cuatro caballos mansos como palomas, se echó el carruaje a la cabeza, con caballos y todo, y salió corriendo y dando vivas, hasta que los dejó a la puerta del palacio, como deja una madre a su niño en la cuna. Esto se debe decir, porque no es cosa que se ve todos los días.

Por la noche hubo discursos, y poetas que les dijeron versos de bodas a los novios, y lucecitas de color en el jardín, y fuegos artificiales para los criados del rey, y muchas guirnaldas y ramos de flores. Todos cantaban y hablaban comían dulces, bebían refrescos olorosos, bailaban con mucha elegancia y honestidad al compás de una música de violines, con los violinistas vestidos de seda azul, y su ramito de violeta en el ojal de la casaca. Pero en un rincón había uno que no hablaba ni cantaba, y era Pablo, el envidioso, el paliducho, el desorejado, que no podía ver a su hermano feliz, y se fue al bosque para no oír ni ver, y en el bosque murió, porque los osos se lo comieron en la noche oscura.

Meñique era tan chiquitín que los cortesanos no supieron al principio si debían tratarlo con respeto o verlo como cosa de risa; pero con su bondad y cortesía se ganó el cariño de su mujer y de la corte entera, y cuando murió el rey, entró a mandar, y estuvo de rey cincuenta y dos años. Y dicen que mandó tan bien que sus vasallos nunca quisieron más rey que Meñique, que no tenía gusto sino cuando veía a su pueblo contento, y no les quitaba a los pobres el dinero de su trbajo para dárselo, como otros reyes, a sus amigos holgazanes, o a los matachines que lo defienden de los reyes vecinos. Cuentan de veras que no hubo rey tan bueno como Meñique.

Pero no hay que decir que Meñique era bueno. Bueno tenía que ser un hombre de ingenio tan grande; porque el que es estúpido no es bueno, y el que es bueno no es estúpido. Tener talento es tener buen corazón; el que tiene buen corazón, ése es el que tiene talento. Todos los pícaros son tontos. Los buenos son los que ganan a la larga. Y el que saque de este cuento otra lección mejor, vaya a contarlo en Roma.

Each One to His Trade

NEW FABLE
BY THE NORTHAMERICAN PHILOSOPHER
EMERSON

A mountain and a squirrel
Had a quarrel:
"Go away, you presumptuous little thing!"
The mountain said, in fury,
To which the wise squirrel answered:
"You're very large indeed, so large and handsome;
But of all things and seasons
The parts must come together
To form, my mouthy Lady,
A year and a sphere.
Does anyone care a jot or tittle
That I fulfill so humble a post?
If I am not as big as you,
My Lady mountain,
Neither are you as small as I,
Nor do you school me in gymnastics.
I cannot deny that your magnificent slopes
Give squirrels good roads:
Sometimes our talents differ;
I cannot carry forests on my back
Nor can you, my Lady, crack a nut."

Cada uno a su oficio

FÁBULA NUEVA
DEL FILÓSOFO NORTEAMERICANO EMERSON

La montaña y la ardilla
Tuvieron su querella:
—¡Váyase usted allá, presumidilla!
Dijo con furia aquélla;
A lo que respondió la astuta ardilla:
—Sí que es muy grande usted, muy grande y bella;
Mas de todas las cosas y estaciones
Hay que poner en junto las porciones,
Para formar, señora vocinglera,
Un año y una esfera.
Yo no sé que me ponga nadie tilde
Por ocupar un puesto tan humilde.
Si no soy yo tamaña
Como usted, mi señora la montaña,
Usted no es tan pequeña
Como yo, ni a gimnástica me enseña.
Yo negar no imagino
Que es para las ardillas buen camino
Su magnífica falda:
Difieren los talentos a las veces:
Ni yo llevo los bosques a la espalda,
Ni usted puede, señora, cascar nueces.

Homer's Iliad

Twenty-five hundred years ago the poem called *Iliad* was already famous in Greece. Some say that it was composed by Homer, the blind poet with the curly beard, who went from town to town singing his verses to the accompaniment of the lyre, like the bards of those days. Others say that there was no Homer, but that the poem was composed by various singers. It seems unlikely, however, that a poem in which the language, thought, and verse structure is so unified, and in which from beginning to end the character of each protagonist is so clearly delineated by what he or she says or does that the reader need not know his or her name, could have been the work of many. Nor is it probable that a single people could have many poets who composed verses with as much meaning and musicality as those of the *Iliad,* with neither too many words nor too few. And it is not likely that different singers could have had the wisdom and greatness of Homer's songs in which the teller of the tale is like a father.

The *Iliad* does not recount the entire thirty years' war of Greece against Ilion, the former name of Troy; but merely what occurred in that war when the Greeks were still upon the plain assaulting the walled city, and when the two famous Greeks, Agamemnon and Achilles, were fighting because of jealousy. Agamemnon was called King of Men and he was indeed like a great king who had more command and power than all the others who came from Greece to fight against Troy when the son of the King of Troy, of old Priam, stole the wife of Menelaos, who served as king in one of the Grecian towns and was Agamemnon's brother. Achilles was the bravest of all the Greek kings, an amiable and cultured man who sang the stories of heroes with his lyre and became loved by the very slave girls who fell to him as spoils when the prisoners were distributed after his victories. The kings' dispute arose over the female prisoner Chryseis, whom Agamemnon refused to return to her father, Trojan priest Chryses, as the Greek priest Calchas said she should be returned in order to calm the fury of the sun god Apollo in Olympus, the heaven of those times. Apollo, god of the sun, was angry with the Greeks because Agamemnon held captive the daughter of a priest:

And Achilles, who was not afraid of Agamemnon, rose up from among all the rest and said that it should do what Calchas wanted him to do to end the plague of heat which was killing the Greeks in such great numbers that the sky was never clear of smoke from the pyres upon which their bodies were being burned. Agamemnon promised to return Chryseis if Achilles gave him Briseis, the captive he held in his tent. And Achilles called Agamemnon "a drunken lout with the eyes of a dog and the heart of a deer," and withdrew his silver-handled sword to kill him before the kings. But the goddess Minerva, invisible at his side, stayed his hands as the sword was midway out of its sheath. And Achilles threw his golden scepter to the ground, sat down, and said that he and his fearless Myrmidons would fight no more on behalf of the Greeks, and that he was going back to his tent.

Thus began the fury of Achilles, which is what the *Iliad* recounts, from when he was angered in that dispute until his heart became enraged when the Trojans killed his friend Patroclus and he went out to again give battle to Troy, which was burning the ships of the Greeks and had almost defeated them. The Trojan army was thrown back merely by the voice of Achilles shouting from the walls, like a wave encountering an opposing wind, and the knees of the Trojan horses trembled. The entire poem is an account of what happened to the Greeks after Achilles considered himself offended:—The dispute between the kings,—the council of the gods of Olympus in which they decided that the Trojans should defeat the Greeks in punishment for Agamemnon's offense against Achilles,—the contest between Paris, son of Priam, and Menelaos, husband of Helen, —the truce between the two armies, and how the Trojan archer Pandarus broke the truce by shooting Menelaos with his arrow,—the first day's battle, in which the most courageous Diomedes nearly killed Aeneas with a stone,—the visit of Hector, hero of Troy, to his wife Andromache, who watched him fight from the walls,—the second day's battle, in which Diomedes fled in his war chariot pursued by the victorious Hector,—the legation sent to Achilles by the Greeks asking him to again aid them in battle because since he was not fighting, the Trojans were winning,— the battle of ships in which not even Ajax himself could defend the Greek vessels from attack until Achilles consented to allow Patroclus to fight with his armor,—the death of Patroclus,—Achilles' return to combat with a new armor made for him by the god Vulcan,—the duel between Achilles and Hector,—Hector's death,—and the entreaties with which Hector's father Priam succeeded in making Achilles return the body in order to burn it in Troy upon a pyre of honor and preserve the whitened bones in a golden casket. Thus did Achilles become furious, and these were the events of the war until his fury subsided.

The poem does not depict Achilles as the son of a man but of the sea goddess Thetis. And this is not so strange because even today kings say that their right of command over peoples comes from God, which is what is called "the divine right of kings," and so it is only an old idea of those times of struggle in which nations were new and did not know how to live in peace the way the stars in the heavens do, for they all shed light even if they are many, and each one shines regardless of having another beside it. The Greeks, like the Hebrews and many other peoples, believed that they were the nation favored by the creator of the world, the only sons of heaven upon earth. And since men are arrogant and unwilling to confess that another man is stronger or more intelligent than they, when there was a strong or intelligent man who became king through his own power, they said that he was a son of the gods. And the kings were glad that the people believed this; and the priests claimed that it was true in order to make the kings help and be grateful to them. And thus both kings and priests ruled together.

Each king had his relatives on Olympus and was a son or nephew or grandson of a god who could descend from the heavens to protect or punish him according to whether he took many or few gifts to the priests of his temple; and the priest used to say that the god was angered when the gift was a poor one, or that he was happy when he had been given a large quantity of honey or many sheep. So it is in the *Iliad,* which tells us two stories, one on earth and the other in the heavens; and tells us that the gods of Olympus are one family, as it were, except that they do not talk as well-bred people do, but quarrel and insult each other just like men in the world. Jupiter, king of the gods, never knew what to do because his son Apollo wanted to protect the Trojans and his wife, Juno, the Greeks, the same as his other daughter, Minerva; and there were great quarrels at mealtimes in the heavens, and Jupiter told Juno that it would be very bad for her if she refused to hold her tongue immediately, and Vulcan the lame, the sage of Olympus, used to laugh at the jokes and curses of Apollo the redheaded, who was the mischievous god.

And the gods used to ascend and descend to take and bring the messages of both Trojans and Greeks. Or they used to fight invisibly in the chariots of the heroes they befriended. Or they used to carry in their arms their hero through the clouds to prevent the victor from killing him with the aid of the enemy god. Minerva takes on the form of old Nestor of the honey-sweet voice and advises Agamemnon to attack Troy. Venus unfastens Paris' helmet while the enemy Menelaos is dragging him along the ground by it; and carries off Paris through the air. Venus also carries off Aeneas, defeated by Diomedes, in her white arms. In one skirmish Minerva is driving the war chariot of the Greek and Apollo confronts her, driving the Trojan chariot. Again, when, because of a trick by Minerva, Pandarus pulls his bow against Menelaos, the terrible arrow wounds him only slightly because Minerva turns it aside in midflight, the way a mother chases a fly off her child's face. In the *Iliad* gods and men are always together, like fathers and sons.

And the same things happen in the heavens as upon earth; for it is men who invent gods in their likenesses, and every people imagines a different heaven, with divinities who live and think the same as do those who have created them and worship them in their temples: Because man considers himself small in the face of Nature, which creates and kills him, and feels the need to believe in something powerful which he can implore to treat him well in the world and not take his life. The heaven of the Greeks resembled Greece so closely that Jupiter himself is like a king of kings, a kind of Agamemnon more powerful than the others, but he does not do everything he desires, however, but has to listen to the kings and make them happy, as Agamemnon had to do with Achilles. There is much philosophy in the *Iliad,* although it may not seem so, and much science and much politics, and men are taught, in spite of themselves, that the gods are really only a poetry of the imagination, and that countries cannot be governed by the whim of a tyrant, but by the accord and respect of the illustrious men whom the people choose to explain to them how they want to be governed.

But the beauty of the *Iliad* is the way it depicts the world, as if man saw it for the first time and ran from one end to the other crying with love, arms upraised, asking the heavens who can be so powerful and where the creator is and how he made and preserved so many marvels. And another beauty of the *Iliad* is how things are said without those swaggering words that poets use because they have a pleasant sound; but with very few and very powerful words, as when Jupiter consented to having the Greeks lose some battles until they repent of their offense against Achilles, and "when he said yes, Olympus trembled." Homer looks for no comparisons in things that cannot be seen, only in things seen: So that one does not forget what he tells, for it is as if he holds the incidents of his narrative there before the eyes.

Those were times of struggle, when every man became a soldier to defend his country or went forth motivated by ambition or jealousy to attack his neighbors. And since there were no books or theaters then, entertainment consisted of listening to the epic poet singing with his lyre the struggles of the gods and the battles of men; and the bard had to cause laughter with the pranks of Apollo and Vulcan so the people would not tire from serious songs; and he dealt with what the people would be interested in hearing, which were tales of heroes and accounts of battles in which the bard introduced medical and political subjects so that the people would find pleasure and profit in them and give high pay and fame to the singer whose verses taught them how to govern and heal themselves. Something else much enjoyed by the Greeks was oratory, and he who spoke well or brought tears to the eyes, or gave the people understanding, was considered to be son of a god. That is why the *Iliad* contains so many descriptions of fights and so much curing of wounds and so many speeches.

Everything known about the early Greeks is in the *Iliad.* In Greece the singers who went from town to town singing the *Iliad* and the *Odyssey,* another poem apparently composed by Homer and telling about the return of Ulysses, were called rhapsodists. Some say that Homer composed more poems, but others are of the opinion that those are not his, even if the Greek Herodotus, who gathered together all the history of his time, brought news of them, as well as of a number of unclassified verses, in his life of Homer, the best of the eight in print, although it is not known for certain whether Herodotus actually wrote it or told it in great haste and without thinking, as he was in the habit of writing.

One feels like a giant or as if on the crest of a mountain with an endless sea at one's feet when reading those verses of the *Iliad* which resemble words of stone. There are many good translations in English, and readers of that language must read the *Iliad* of Chapman, or Dodsley, or Landor who captures more of Homer than does Pope, whose is the most elegant. Let the reader of German read the Wolff translation, which is like reading the Greek itself. Anyone not acquainted with French, let him learn it immediately so that he may enjoy all the beauty of those times in the translation of Leconte de Lisle, whose verses were set in the ancient style as if they were made of marble. In Castilian it is better not to read the existing translation, which is by Hermosilla; because the words of the *Iliad* are there but not the fire or movement or majesty or at times the divinity of Homer's poem, in which it seems that one can see the world dawning,—where men fall like oak trees or like pines,—where the warrior Ajax defends his ship from the most courageous Trojans with his lance,—where Hector tears down the fortress gate with a stone, —where the two immortal horses, Xanthus and Balius, weep in sorrow when they see their owner Patroclus die,—and the goddess friends, Juno and Minerva, come from the heavens in a chariot which, with each turn of the wheels, travels across as much space as a man atop a mountain can see from his seat of rock to where sky meets sea.

Every tableau of the *Iliad* is such a scene. When the timorous kings desert Achilles in his dispute with Agamemnon, Achilles goes to weep at the seashore where the ships of the hundred thousand Greeks who attack Troy have been at anchor for ten years: And the goddess Thetis comes forth to hear him like a mist rising from the waves. Thetis ascends to the heavens and Jupiter promises her, despite Juno's anger, that the Trojans will win their battles with the Greeks until the time when the kings repent of the insult to Achilles. There are great warriors among the Greeks: Ulysses, who was so tall that he walked among other men like a ram among a flock of sheep; Ajax, with his eight layer shield, seven of leather and one of bronze; Diomedes, who enters the fight in shining armor, devastating as a hungry lion in a flock of sheep:—But as long as Achilles still suffers insult, those who win the battles will be the warriors of Troy: Hector, son of Priam; Aeneas, son of the goddess Venus; Sarpedon, bravest of the kings, who came to the aid of Troy, who rose to the heavens in the arms of Sleep and Death and who kissed his father Jupiter upon the forehead when he killed Patroclus with a single lance thrust.

The two armies meet to engage in combat: The Greeks silently, shield to shield; the Trojans crying out like sheep bleating for their lambs. Paris challenges Menelaos and then retreats; but the most beautiful Helen herself calls him a coward, and Paris, the handsome prince who inspires love in women, consents to battle with Menelaos, chariot to chariot, with spear, sword, and shield: The heralds come and cast lots by means of two stones in a helmet to see who will hurl his spear first. Paris hurls first but Menelaos drags him away, as Venus unfastens the chin strap of his helmet and disappears with Paris into the clouds. Then comes the truce; until Minerva, dressed as the son of the Trojan Antenor, treacherously counsels Pandarus to let fly his arrow at Menelaos, the arrow of the enormous bow made of two horns bound together with gold, to make the Trojans appear before the world as traitors, and to facilitate the victory of the Greeks, Minerva's protégés. Pandarus shoots his arrow: Agamemnon goes from tent to tent rousing the kings: Then comes the great battle in which Diomedes wounds the god Mars himself, who ascends to the skies in a cloud of thunder, shouting vociferously as when the wind blows from the South. At this point the beautiful interview

between Hector and Andromache takes place when
a little boy is unwilling to embrace Hector because he
is afraid of his plumed helmet. But later he plays with
the helmet while Hector tells Andromache to attend to
her household duties as he enters the fray again. On
another day, Hector and Ajax fight like wild boars until the sky grows dark: They fight with stones when
they no longer have spears or swords: The heralds come
to separate them, and Hector presents his sword with
the finely wrought hilt to Ajax, and Ajax presents
a purple belt to Hector.

That night the Greeks hold a banquet with honey
wines and roast ox. And Diomedes and Ulysses enter
the enemy camp alone to spy on what Troy is prepar-
ing, and return, bloodstained, with the horses and chariot of the Thracian king. At dawn the battle is fought
upon the strong wall built by the Greeks on the beach
facing their ships. The Trojans have defeated the Greeks
on the plain. There have been a hundred battles upon
the bodies of dead heroes. Ulysses protects the corpse
of Diomedes with his shield and the Trojans fall upon
him like dogs upon a wild boar. From the walls, the
Greek kings hurl their spears at victorious Hector who
attacks on all sides. The valiant fall, those of Troy and
those of Greece, like pines to the axe of a woodcutter.
Hector goes from gate to gate like a hungry lion. He
picks up a pointed stone which no two men would be
able to lift, tears down the main gate, and runs over the
dead bodies to attack the ships. Every Trojan carries
a torch to set the Greek ships on fire: Ajax, weary of
the slaughter, can no longer oppose the attack from the

prow of his ship, and so shoots from the stern, from the gunwale: Now the sky reddens with the splendor of the flames.

And still Achiles fails to come to the assistance of the Greeks: He pays no attention to what Agamemnon's ambassadors tell him: He does not carry his golden shield, does not gird his sword, does not leap nimbly into his chariot, does not grip the spear which no man can lift, the spear named Fight. But his friend Patroclus entreats him and he consents to dress Patroclus in his armor and let him go out to fight. Within view of Achilles' weapons, within view of the Myrmidons who enter the battle in close ranks like the stones in a wall, the timorous Trojans are thrown back. Patroclus plunges into their midst and kills nine of their heroes with every turn of his chariot. The great Sarpedon goes forth to meet Patroclus on his way and with his spear Patroclus pierces his temple. But Patroclus forgot Achilles' warning not to come so close to the walls. Invincible Apollo awaits him at the foot of the walls, climbs into his chariot, stuns him with a blow to the head, flings Achilles' helmet down, that has never touched the ground before, breaks Patroclus's spear, opens his suit of armor, all so that Hector can wound him. Patroclus felt and the divine horses wept.

When Achilles saw his friend lying dead, he threw himself to the ground, covered his face and head with sand, and tore out the hairs of his yellow long hair, bellowing loudly. And when Patroclus was brought to him in a coffin, Achilles wept. His mother ascended to the heavens to have Vulcan make him a new shield

engraved with earth and sky, sea and sun, moon and all
the stars, and a city at peace and another at war, and
a vineyard when the ripe grapes are being harvested,
and a child singing and playing a harp, and a drove of
oxen about to plow, and shepherd dancers and musi-
cians, and all around, like a river, the sea: And Vulcan
makes him a suit of armor that shines like fire, and
a helmet with a golden visor. When Achilles appeared
upon the wall to shout three times, the Trojans threw
themselves against the city in three great surges, the
rumps of their frightened horses shattering the chariot,
and both men and beasts died in the confusion merely
from the sight of Achilles upon the wall, the flame of
his helmet shining like an autumn sun. Agamemnon
has now repented, the council of kings has sent Achilles precious gifts, Briseis has been returned to him,
weeping at the sight of the dead Patroclus because he
was amiable and good.

On another day at sunrise the people of Troy, like
locusts escaping the fire, enter the river terrified, flee-
ing from Achilles who kills as well as the sickle mows,
and with one turn of the chariot he carries off twelve
captives. He stumbles across Hector; but they cannot
fight because the gods have cast their spears aside. In
the river Achilles was like a great dolphin, and like
fishes the Trojans tore themselves to pieces as they
flee from him. From the walls Hector's aged father
begs him not to fight with Achilles: And so does his
mother. Achilles arrives: Hector flees: Three times their
chariots circle the walls of Troy. All Troy is upon the
walls, Hector's father tearing the hairs out of his beard;

his mother weeping and beseeching with outstretched arms. Hector stops and talks with Achilles before fighting, asking him not to carry off his dead body if Achilles should win.

Achilles wants to burn Hector's corpse at the funeral of his friend Patroclus. They engage in combat. Minerva is with Achilles: Directs his blows: Brings him the spear unseen: Hector, now without a spear, attacks Achilles like an eagle swooping out of the sky upon a cadaver, its claws extended: Head lowered, Achilles falls upon Hector, the Fight spear gleaming in his hand like the evening star. He thrusts his spear into the neck of Hector, who falls dead as he asks Achilles to give his corpse to Troy. Both father and mother have seen the struggle from the walls. The Greeks approach the dead man, pierce him with their spears, kick him from side to side, and mock him. Achilles orders his ankles run through and threaded with two leather thongs: And he is dragged away by chariot.

And then they built a great pyre of firewood for burning Patroclus's body. He was carried to the pyre in a procession, every warrior cut off a lock of his own hair to put upon the dead body; and four war-horses and two dogs were sacrificed; and with his own hand Achilles killed the twelve prisoners and threw them upon the pyre: Hector's corpse was pushed aside like that of a dead dog: And they burned Patroclus, cooled the ashes with wine, and placed them in a golden urn. Earth was thrown upon the urn until it reached the height of a mountain. And every morning Achilles tied

Hector to his chariot by the feet and circles that mountain three times. But Hector's body remains undamaged and its beauty unimpaired, for Venus and Apollo were looking out for him from Olympus.

Then came the funeral feast, which lasted twelve days: First, a race of war chariots, won by Diomedes; then a fist fight between two men until one of them was left for dead; later a wrestling match between Ulysses and Ajax, both naked; this followed by a foot race won by Ulysses; and a contest with shield and spear; and another with arrows to see who is the better marksman; and another with spears to see who can throw his the farthest.

Suddenly one night, Achilles heard a noise in his tent and saw that it was Priam, father of Hector, who had come unnoticed with the god Mercury,—Priam, he of the white hair and white beard,—Priam, who kneels at Achilles' feet and kisses his hands many times and tearfully pleads with him for Hector's corpse. And Achilles rose to his feet and lifted Priam from the ground; and ordered Hector's corpse bathed with sweet-smelling unguents and clothed in one of the tunics from the great treasure which Priam had brought to Achilles as a gift; and that night Achilles ate meat and drank wine with Priam, who went to bed for the first time because his eyes were heavy. But Mercury told him that he should not sleep among his enemies and carried him off to Troy again, unseen by the Greeks.

There were twelve days of peace then, to enable the Trojans to celebrate Hector's funeral. The people walked behind the procession as Priam arrived with the body; and Priam accused them of cowardice for having permitted his son to be killed; and the women wept and the poets sang until they had entered the house and laid Hector upon his bed. And Hector's wife Andromache arrived and talked to the corpse. Then came his mother Hecuba, who called him handsome and good. Later Helen talked to him and called him amiable and polite. And all the people wept when Priam approached his son, his arms held out to the heavens, his chin trembling, and ordered firewood brought for the pyre. It took nine days to bring the wood, until the pyre was taller than the walls of Troy. And they set it ablaze and quenched the flames with wine and saved Hector's ashes in a golden casket and covered the casket with a purple mantle and put everything into a coffin and piled so much ground upon it that it resembles a mountain. And then there was a great feast in Priam's palace. So ends the *Iliad* and the tale of the fury of Achilles.

HOMER - HOMERO

A GREEK COMBAT – COMBATE GRIEGO

DIOMEDES, ULYSSES, NESTOR, ACHILLES, AGAMEMNON
DIOMEDES, ULISES, NÉSTOR, AQUILES, AGAMENÓN

MENELAOS - MENELAO

La Ilíada de Homero

Hace dos mil quinientos años era ya famoso en Grecia el poema de la *Ilíada*. Unos dicen que lo compuso Homero, el poeta ciego de la barba de rizos, que andaba de pueblo en pueblo cantando sus versos al compás de la lira, como hacían los aedas de entonces. Otros dicen que no hubo Homero, sino que el poema lo fueron componiendo diferentes cantores. Pero no parece que pueda haber trabajo de muchos en un poema donde no cambia el modo de hablar, ni el de pensar, ni el de hacer los versos, y donde desde el principio hasta el fin se ve tan claro el carácter de cada persona que puede decirse quién es por lo que dice o hace, sin necesidad de verle el nombre. Ni es fácil que un mismo pueblo tenga muchos poetas que compongan los versos con tanto sentido y música como los de la *Ilíada*, sin palabras que falten o sobren; ni que todos los diferentes cantores tuvieran el juicio y grandeza de los cantos de Homero, donde parece que es un padre el que habla.

En la *Ilíada* no se cuenta toda la guerra de treinta años de Grecia contra Ilión, que era como le decían entonces a Troya; sino lo que pasó en la guerra cuando los griegos estaban todavía en la llanura asaltando a la ciudad amurallada, y se pelearon por celos los dos griegos famosos, Agamenón y Aquiles. A Agamenón le llamaban el Rey de los Hombres, y era como un rey mayor, que tenía más mando y poder que todos los demás que vinieron de Grecia a pelear contra Troya, cuando el hijo del rey troyano, del viejo Príamo, le robó la mujer a Menelao, que estaba de rey en uno de los pueblos de Grecia, y era hermano de Agamenón. Aquiles era el más valiente de todos los reyes griegos, y hombre amable y culto, que cantaba en la lira las historias de los héroes, y se hacía querer de las mismas esclavas que le tocaban de botín cuando se repartían los prisioneros después de sus victorias. Por una prisionera fue la disputa de los reyes, porque Agamenón se resistía a devolver al sacerdote troyano Crises su hija Criseis, como decía el sacerdote griego Calcas que se debía devolver, para que se calmase en el Olimpo, que era el cielo de entonces, la furia de Apolo, el dios del Sol, que estaba enojado con los griegos porque Agamenón tenía cautiva a la hija de un sacerdote:

Y Aquiles, que no le tenía miedo a Agamenón, se levantó entre todos los demás, y dijo que se debía hacer lo que Calcas quería, para que se acabase la peste de calor que estaba matando en montones a los griegos, y era tanta que no se veía el cielo nunca claro, por el humo de las piras en que quemaban los cadáveres. Agamenón dijo que devolvería a Criseis, si Aquiles le daba a Briseis, la cautiva que él tenía en su tienda. Y Aquiles le dijo a Agamenón «borracho de ojos de perro y corazón de venado», y sacó la espada de puño de plata para matarlo delante de los reyes; pero la diosa Minerva, que estaba invisible a su lado, le sujetó la mano, cuando tenía la espada a medio sacar. Y Aquiles echó al suelo su cetro de oro, y se sentó, y dijo que no pelearía más a favor de los griegos con sus bravos mirmidones, y que se iba a su tienda.

Así empezó la cólera de Aquiles, que es lo que cuenta la *Ilíada*, desde que se enojó en esa disputa, hasta que el corazón se le enfureció cuando los troyanos le mataron a su amigo Patroclo, y salió a pelear otra vez contra Troya, que estaba quemándoles los barcos a los griegos y los tenía casi vencidos. No más que con dar Aquiles una voz desde el muro, se echaba atrás el ejército de Troya, como la ola cuando la empuja una corriente contraria de viento, y les temblaban las rodillas a los caballos troyanos. El poema entero está escrito para contar lo que sucedió a los griegos desde que Aquiles se dio por ofendido: —la disputa de los reyes, —el consejo de los dioses del Olimpo, en que deciden los dioses que los troyanos venzan a los griegos, en castigo de la ofensa de Agamenón a Aquiles, —el combate de Paris, hijo de Príamo, con Menelao, el esposo de Helena, —la tregua que hubo entre los dos ejércitos, y el modo con que el arquero troyano Pándaro la rompió con su flechazo a Menelao, —la batalla del primer día, en que el valentísimo Diomedes tuvo casi muerto a Eneas de una pedrada, —la visita de Héctor, el héroe de Troya a su esposa Andrómaca, que lo veía pelear desde el muro, —la batalla del segundo día, en que Diomedes huye en su carro de pelear, perseguido por Héctor vencedor, —la embajada que le mandan los griegos a Aquiles, para que vuelva a ayudarlos en los combates, porque desde que él no pelea están ganando los troyanos, —la batalla de los barcos, en que ni el mismo Ajax puede defender las naves griegas del asalto, hasta que Aquiles consiente en que Patroclo pelee con su armadura, —la muerte de Patroclo, —la

vuelta de Aquiles al combate, con la armadura nueva
que le hizo el dios Vulcano, —el desafío de Aquiles
y Héctor, —la muerte de Héctor, —y las súplicas con
que su padre Príamo logra que Aquiles le devuelva el
cadáver, para quemarlo en Troya en la pira de honor,
y guardar los huesos blancos en una caja de oro. Así se
enojó Aquiles, y ésos fueron los sucesos de la guerra,
hasta que se le acabó el enojo.

A Aquiles no lo pinta el poema como hijo de hombre, sino de la diosa del mar, de la diosa Tetis. Y eso
no es muy extraño, porque todavía hoy dicen los reyes
que el derecho de mandar en los pueblos les viene de
Dios, que es lo que llaman «el derecho divino de los
reyes», y no es más que una idea vieja de aquellos
tiempos de pelea, en que los pueblos eran nuevos y no
sabían vivir en paz, como viven en el cielo las estre-
llas, que todas tienen luz aunque son muchas, y cada
una brilla aunque tenga al lado otra. Los griegos
creían, como los hebreos, y como otros muchos pueblos, que ellos eran la nación favorecida por el creador
del mundo, y los únicos hijos del cielo en la tierra. Y como los hombres son soberbios, y no quieren confesar
que otro hombre sea más fuerte o más inteligente que
ellos, cuando había un hombre fuerte o inteligente que
se hacía rey por su poder, decían que era hijo de los
dioses. Y los reyes se alegraban de que los pueblos
creyesen esto; y los sacerdotes decían que era verdad,
para que los reyes les estuvieran agradecidos y los ayu-
daran. Y así mandaban juntos los sacerdotes y los
reyes.

Cada rey tenía en el Olimpo sus parientes, y era
hijo, o sobrino, o nieto de un dios, que bajaba del cielo

a protegerlo o a castigarlo, según le llevara a los sacerdotes de su templo muchos regalos o pocos; y el sacerdote decía que el dios estaba enojado cuando el regalo era pobre, o que estaba contento, cuando le habían regalado mucha miel y muchas ovejas. Así se ve en la *Ilíada*, que hay como dos historias en el poema, una en la tierra, y en el cielo otra; y que los dioses del cielo son como una familia, sólo que no hablan como personas bien criadas, sino que se pelean y se dicen injurias, lo mismo que los hombres en el mundo. Siempre estaba Júpiter, el rey de los dioses, sin saber qué hacer; porque su hijo Apolo quería proteger a los troyanos, y su mujer Juno a los griegos, lo mismo que su otra hija Minerva; y había en las comidas del cielo grandísimas peleas, y Júpiter le decía a Juno que lo iba a pasar mal si no se callaba enseguida, y Vulcano, el cojo, el sabio del Olimpo, se reía de los chistes y maldades de Apolo, el de pelo colorado, que era el dios travieso.

Y los dioses subían y bajaban, a llevar y traer a Júpiter los recados de los troyanos y los griegos; o peleaban sin que se les viera en los carros de sus héroes favorecidos; o se llevaban en brazos por las nubes a su héroe para que no lo acabase de matar el vencedor, con la ayuda del dios contrario. Minerva toma la figura del viejo Néstor, que hablaba dulce como la miel, y aconseja a Agamenón que ataque a Troya. Venus desata el casco de Paris cuando el enemigo Menelao lo va arrastrando del casco por la tierra: y se lleva a Paris por el aire. Venus también se lleva a Eneas, vencido por Diomedes, en sus brazos blancos. En una escaramuza va Minerva guiando el carro de pelear del griego, y Apolo

viene contra ella, guiando el carro troyano. Otra vez,
cuando por engaño de Minerva dispara Pándaro su arco contra Menelao, la flecha terrible le entró poco
a Menelao en la carne, porque Minerva la apartó al
caer, como cuando una madre le espanta a su hijo de la
cara una mosca. En la *Ilíada* están juntos siempre los
dioses y los hombres, como padres e hijos.

Y en el cielo suceden las cosas lo mismo que en la
tierra; como que son los hombres los que inventan los
dioses a su semejanza, y cada pueblo imagina un cielo
diferente, con divinidades que viven y piensan lo mismo que el pueblo que las ha creado y las adora en los
templos: porque el hombre se ve pequeño ante la naturaleza que lo crea y lo mata, y siente la necesidad de
creer en algo poderoso, y de rogarle, para que lo trate
bien en el mundo, y para que no le quite la vida. El cielo de los griegos era tan parecido a Grecia, que Júpiter
mismo es como un rey de reyes, y una especie de Agamenón, que puede más que los otros, pero no hace
todo lo que quiere, sino ha de oírlos y contentarlos,
como tuvo que hacer Agamenón con Aquiles. En la
Ilíada, aunque no lo parece, hay mucha filosofía, y mucha ciencia, y mucha política, y se enseña a los hombres, como sin querer, que los dioses no son en rea-
lidad más que poesías de la imaginación, y que los
países no se pueden gobernar por el capricho de un
tirano, sino por el acuerdo y respeto de los hombres
principales que el pueblo escoge para explicar el modo
con que quiere que lo gobiernen.

Pero lo hermoso de la *Ilíada* es aquella manera con
que pinta el mundo, como si lo viera el hombre por
primera vez, y corriese de un lado para otro llorando

de amor, con los brazos levantados, preguntándole al cielo quién puede tanto, y dónde está el creador, y cómo compuso y mantuvo tantas maravillas. Y otra hermosura de la *Ilíada* es el modo de decir las cosas, sin esas palabras fanfarronas que los poetas usan porque les suenan bien; sino con palabras muy pocas y fuertes, como cuando Júpiter consintió en que los griegos perdieran algunas batallas, hasta que se arrepintiesen de la ofensa que le habían hecho a Aquiles, y «cuando dijo que sí, tembló el Olimpo». No busca Homero las comparaciones en las cosas que no se ven, sino en las que se ven: de modo que lo que él cuenta no se olvida, porque es como si se lo hubiera tenido delante de los ojos.

Aquellos eran tiempos de pelear, en que cada hombre iba de soldado a defender a su país, o salía por ambición o por celos a atacar a los vecinos; y como no había libros entonces, ni teatros, la diversión era oír al aeda que cantaba en la lira las peleas de los dioses y las batallas de los hombres; y el aeda tenía que hacer reír con las maldades de Apolo y Vulcano, para que no se le cansase la gente del canto serio; y les hablaba de lo que la gente oía con interés, que eran las historias de los héroes y las relaciones de las batallas, en que el aeda decía cosas de médico y de político, para que el pueblo hallase gusto y provecho en oírlo, y diera buena paga y fama al cantor que le enseñaba en sus versos el modo de gobernarse y de curarse. Otra cosa que entre los griegos gustaba mucho era la oratoria, y se tenía como hijo de un dios al que hablaba bien, o hacía llorar o entender a los hombres. Por eso hay en la *Ilíada* tantas descripciones de combates, y tantas curas de heridas, y tantas arengas.

Todo lo que se sabe de los primeros tiempos de los griegos, está en la *Ilíada*. Llamaban rapsodas en Grecia a los cantores que iban de pueblo en pueblo, cantando la *Ilíada* y la *Odisea*, que es otro poema donde Homero cuenta la vuelta de Ulises. Y más poemas parece que compuso Homero, pero otros dicen que ésos no son suyos, aunque el griego Herodoto, que recogió todas las historias de su tiempo, trae noticias de ellos, y muchos versos sueltos, en la vida de Homero que escribió, que es la mejor de las ocho que hay escritas, sin que se sepa de cierto si Herodoto la escribió de veras, o si no la contó muy de prisa y sin pensar, como solía él escribir.

Se siente uno como gigante, o como si estuviera en la cumbre de un monte, con el mar sin fin a los pies, cuando lee aquellos versos de la Ilíada, que parecen de letras de piedra. En inglés hay muy buenas traducciones, y el que sepa inglés debe leer la *Ilíada* de Chapman, o la de Dodsley, o la de Landor, que tienen más de Homero que la de Pope, que es la más elegante. El que sepa alemán, lea la de Wolff, que es como leer el griego mismo. El que no sepa francés, apréndalo enseguida, para que goce de toda la hermosura de aquellos tiempos en la traducción de Leconte de Lisle, que hace los versos a la antigua, como si fueran de mármol. En castellano, mejor es no leer la traducción que hay, que es de Hermosilla; porque las palabras de la *Ilíada* están allí, pero no el fuego, el movimiento, la majestad, la divinidad a veces, del poema en que parece que se ve amanecer el mundo, —en que los hombres caen como los robles o como los pinos, —en que el

guerrero Ajax defiende a lanzazos su barco de los troyanos más valientes, —en que Héctor de una pedrada
echa abajo la puerta de una fortaleza, en que los dos
caballos inmortales, Xantos y Balios, lloran de dolor
cuando ven muerto a su amo Patroclo, —y las diosas
amigas, Juno y Minerva, vienen del cielo en un carro
que de cada vuelta de rueda atraviesa tanto espacio
como el que un hombre sentado en un monte ve, desde
su silla de roca, hasta donde el ciclo se junta con el
mar.

Cada cuadro de la *Ilíada* es una escena como ésas.
Cuando los reyes miedosos dejan solo a Aquiles en su
disputa con Agamenón, Aquiles va a llorar a la orilla
del mar, donde están desde hace diez años los barcos
de los cien mil griegos que atacan a Troya: y la diosa
Tetis sale a oírlo, como una bruma que se va levantando de las olas. Tetis sube al cielo, y Júpiter le pro-
mete, aunque se enoje Juno, que los troyanos vencerán
a los griegos hasta que los reyes se arrepientan de la
ofensa a Aquiles. Grandes guerreros hay entre los
griegos: Ulises, que era tan alto que andaba entre
los demás hombres como un macho entre el rebaño de
carneros; Ajax, con el escudo de ocho capas, siete
de cuero y una de bronce; Diomedes, que entra en la
pelea resplandeciente, devastando como un león ham-
briento en un rebaño:—pero mientras Aquiles esté ofendido, los vencedores serán los guerreros de Troya:
Héctor, el hijo de Príamo; Eneas, el hijo de la diosa
Venus; Sarpedón, el más valiente de los reyes que vino
a ayudar a Troya, el que subió al cielo en brazos del
Sueño y de la Muerte, a que lo besase en la frente su
padre Júpiter, cuando lo mató Patroclo de un lanzazo.

Los dos ejércitos se acercan a pelear: los griegos, callados, escudo contra escudo; los troyanos dando voces, como ovejas que vienen balando por sus cabritos. Paris desafía a Menelao, y luego se vuelve atrás; pero la misma hermosísima Helena le llama cobarde, y Paris, el príncipe bello que enamora a las mujeres, consiente en pelear, carro a carro, contra Menelao, con lanza, espada y escudo: vienen los heraldos, y echan suertes con dos piedras en un casco, para ver quién disparará primero su lanza. Paris tira el primero, pero Menelao se lo lleva arrastrando, cuando Venus le desata el casco de la barba, y desaparece con Paris en las nubes. Luego es la tregua; hasta que Minerva, vestida como el hijo del troyano Antenor, le aconseja con alevosía a Pándaro que dispare la flecha contra Menelao, la flecha del arco enorme de dos cuernos y la juntura de oro, para que los troyanos queden ante el mundo por traidores, y sea más fácil la victoria de los griegos, los protegidos de Minerva. Dispara Pándaro la flecha: Agamenón va de tienda en tienda levantando a los reyes: entonces es la gran pelea en que Diomedes hiere al mismo dios Marte, que sube al cielo con gritos terribles en una nube de trueno, como cuando sopla el viento del Sur; entonces es la hermosa entrevista de Héctor y Andrómaca, cuando el niño no quiere abrazar a Héctor porque le tiene miedo al casco de plumas, y luego juega con el casco, mientras Héctor le dice a Andrómaca que cuide de las cosas de la casa, cuando él vuelva a pelear. Al otro día Héctor y Ajax pelean como jabalíes salvajes hasta que el cielo se oscurece: pelean con piedras cuando ya no tienen lanza ni espada: los heraldos los vienen a separar, y Héctor le

regala su espada de puño fino a Ajax, y Ajax le regala
a Héctor un cinturón de púrpura.

Esa noche hay banquete entre los griegos, con vinos
de miel y bueyes asados; y Diomedes y Ulises entran
solos en el campo enemigo a espiar lo que prepara
Troya, y vuelven, manchados de sangre, con los caballos y el carro del rey tracio. Al amanecer, la batalla
es en el murallón que han levantado los griegos en la
playa frente a sus buques. Los troyanos han vencido
a los griegos en el llano. Ha habido cien batallas sobre
los cuerpos de los héroes muertos. Ulises defiende el
cuerpo de Diomedes con su escudo, y los troyanos le
caen encima como los perros al jabalí. Desde los muros disparan sus lanzas los reyes griegos contra Héctor
victorioso, que ataca por todas partes. Caen los bravos,
los de Troya y los de Grecia, como los pinos a los ha-
chazos del leñador. Héctor va de una puerta a otra como león que tiene hambre. Levanta una piedra de punta que dos hombres no podían levantar, echa abajo la
puerta mayor, y corre por sobre los muertos a asaltar
los barcos. Cada troyano lleva una antorcha, para in-
cendiar las naves griegas: Ajax, cansado de matar, ya
no puede resistir el ataque en la proa de su barco,
y dispara de atrás, de la borda: ya el cielo se enrojece
con el resplandor de las llamas.

Y Aquiles no ayuda todavía a los griegos: no atien-
de a lo que le dicen los embajadores de Agamenón: no
embraza el escudo de oro, no se cuelga del hombro la
espada, no salta con los pies ligeros en el carro, no em-
puña la lanza que ningún hombre podía levantar, la lanza Pelea. Pero le ruega su amigo Patrocio, y consiente
en vestirlo con su armadura, y dejarlo ir a pelear. A la

vista de las armas de Aquilea, a la vista de los mirmidones, que entran en la batalla apretados como las
piedras de un muro, se echan atrás los troyanos
miedosos. Patroclo se mete entre ellos, y les mata nueve héroes de cada vuelta del carro. El gran Sarpedón le
sale al camino, y con la lanza le atraviesa Patroclo las
sienes. Pero olvidó Patroclo el encargo de Aquiles, de
que no se llegase muy cerca de los muros. Apolo in-
vencible lo espera al pie de los muros, se le sube al
carro, lo aturde de un golpe en la cabeza, echa al suelo
el casco de Aquiles, que no había tocado el suelo jamás, le rompe la lanza a Patroclo, y le abre el coselete, para que lo hiera Héctor. Cayó Patroclo, y los caballos divinos lloraron.

Cuando Aquiles vio muerto a su amigo, se echó por
la tierra, se llenó de arena la cabeza y el rostro, se
mesaba a grandes gritos la melena amarilla. Y cuando
le trajeron a Patroclo en un ataúd, lloró Aquiles. Subió
al cielo su madre, para que Vulcano le hiciera un escudo nuevo, con el dibujo de la tierra y el cielo, y el
mar y el sol, y la luna y todos los astros, y una ciudad
en paz y otra en guerra, y un viñedo cuando están re-
cogiendo la uva madura, y un niño cantando en una
arpa, y una boyada que va a arar, y danzas y músicas
de pastores, y alrededor, como un río, el mar: y le hizo
un coselete que lucía como el fuego, y un casco con la
visera de oro. Cuando salió al muro a dar las tres voces, los troyanos se echaron en tres oleadas contra la
ciudad, los caballos rompían con las ancas el carro
espantados, y morían hombres y brutos en la confu-
sión, no más que de ver sobre el muro a Aquiles, con
una llama sobre la cabeza que resplandecía como el sol

de otoño. Ya Agamenón se ha arrepentido, ya el consejo de reyes le han devuelto a Briseis, que llora al ver muerto a Patroclo, porque fue amable y bueno.

Al otro día, al salir el sol, la gente de Troya, como langostas que escapan del incendio, entra aterrada en el río, huyendo de Aquiles, que mata lo mismo que siega la hoz, y de una vuelta del carro se lleva a doce cautivos. Tropieza con Héctor; pero no pueden pelear, porque los dioses les echan de lado las lanzas. En el río era Aquiles como un gran delfín, y los troyanos se despedazaban al huirle, como los peces. De los muros le ruega a Héctor su padre viejo que no pelee con Aquiles: se lo ruega su madre. Aquiles llega: Héctor huye: tres veces le dan vuelta a Troya en los carros. Todo Troya está en los muros, el padre mesándose con las dos manos la barba; la madre con los brazos tendidos, llorando y suplicando. Se para Héctor, y le habla a Aquiles antes de pelear, para que no se lleve su cuerpo muerto si lo vence.

Aquiles quiere el cuerpo de Héctor, para quemarlo en los funerales de su amigo Patroclo. Pelean. Minerva está con Aquiles: le dirige los golpes: le trae la lanza, sin que nadie la vea: Héctor, sin lanza ya, arremete contra Aquiles como águila que baja del cielo, con las garras tendidas, sobre un cadáver: Aquiles le va encima, con la cabeza baja, y la lanza. Pelea brillándole en la mano como la estrella de la tarde. Por el cuello le mete la lanza a Héctor, que cae muerto, pidiendo a Aquiles que dé su cadáver a Troya. Desde los muros han visto la pelea el padre y la madre. Los griegos vienen sobre el muerto, y lo lancean, y lo vuelven con

los pies de un lado a otro, y se burlan. Aquiles manda
que le agujereen los tobillos, y metan por los agujeros
dos tiras de cuero: y se lo lleva en el carro, arrastrando.

Y entonces levantaron con leños una gran pira para
quemar el cuerpo de Patroclo. A Patroclo lo llevaron
a la pira en procesión, y cada guerrero se cortó un
guedejo de sus cabellos, y lo puso sobre el cadáver;
y mataron en sacrificio cuatro caballos de guerra y dos
perros; y Aquiles mató con su mano los doce prisioneros y los echó a la pira: y el cadáver de Héctor lo
dejaron a un lado, como un perro muerto: y quemaron
a Patroclo, enfriaron con vino las cenizas, y las pusieron en una urna de oro. Sobre la urna echaron tierra,
hasta que fue como un monte. Y Aquiles amarraba cada mañana por los pies a su carro a Héctor, y le daba
vuelta al monte tres veces. Pero a Héctor no se le lasti-
maba el cuerpo, ni se le acababa la hermosura, porque
desde el Olimpo cuidaban de él Venus y Apolo.

Y entonces fue la fiesta de los funerales, que duró
doce días: primero una carrera con los carros de pelear,
que ganó Diomedes; luego una pelea a puñetazos entre
dos, hasta que quedó uno como muerto; después una
lucha a cuerpo desnudo, de Ulises con Ajax; y la corri-
da de a pie, que ganó Ulises; y un combate con escudo
y lanza; y otro de flechas, para ver quién era el mejor
flechero; y otro de lanceadores, para ver quién tiraba
más lejos la lanza.

Y una noche, de repente, Aquiles oyó ruido en su
tienda, y vio que era Príamo, el padre de Héctor, que había venido sin que lo vieran, con el dios Mercurio,
—Príamo, el de la cabeza blanca y la barba blanca,

—Príamo, que se le arrodilló a los pies, y le besó las manos muchas veces, y le pedía llorando el cadáver de Héctor. Y Aquiles se levantó, y con sus brazos alzó del suelo a Príamo; y mandó que bañaran de ungüentos olorosos el cadáver de Héctor, y que lo vistiesen con una de las túnicas del gran tesoro que le traía de regalo Príamo; y por la noche comió carne y bebió vino con Príamo, que se fue a acostar por primera vez, porque tenía los ojos pesados. Pero Mercurio le dijo que no debía dormir entre los enemigos, y se lo llevó otra vez a Troya sin que los vieran los griegos. Y hubo paz doce días, para que los troyanos le hicieran el funeral a Héctor. Iba el pueblo detrás, cuando llegó Príamo con él; y Príamo los injuriaba por cobardes, que habían dejado matar a su hijo; y las mujeres lloraban, y los poetas iban cantando, hasta que entraron en la casa. Y lo pusieron en su cama de dormir. Y vino Andrómaca su mujer, y le habló al cadáver. Luego vino su madre Hécuba, y lo llamó hermoso y bueno. Después Helena le habló, y lo llamó cortés y amable. Y todo el pueblo lloraba cuando Príamo se acercó a su hijo, con las manos al cielo, temblándole la barba, y mandó que trajeran leños para la pira. Y nueve días estuvieron trayendo leños, hasta que la pira era más alta que los muros de Troya. Y la quemaron, y apagaron el fuego con vino, y guardaron las cenizas de Héctor en una caja de oro, y cubrieron la caja con un manto de púrpura, y lo pusieron todo en un ataúd, y encima le echaron mucha tierra, hasta que pareció un monte. Y luego hubo gran fiesta en el palacio del rey Príamo. Así acaba la *Ilíada*, y el cuento de la cólera de Aquiles.

A New Game, and Some Other Old

GREEK CHILDREN AND THE GODDESS DIANA

There is a most curious game in the United States today, known as pin the tail on the donkey. In summer, when a lot of laughter is heard in the house, it is because the children are playing pin the tail on the donkey. Not only do children play the game, but adults as well. And it is very easy to do. Upon a large sheet of paper, or a piece of white cloth, one draws a donkey about the size of a dog. It should be done with charcoal because regular coal does not work, only charcoal made out of burnt wood. Or the donkey can be drawn with a paintbrush dipped in ink, because one does not have to put in the shadings, merely the outline. The whole donkey is painted, all except the tail. The tail must be drawn separately on a piece of paper or cloth, and then cut out along the outlines so that it really looks like a tail.

And there you have the game, pinning the tail on the donkey where it should go. What is not as easy as you think is that when you play, your eyes are bandaged and you are turned around three times before being allowed to walk toward the donkey. And you walk every which way, and the onlookers try to control their laughter. Some of the players pin the tail on the hoof or the side or the forehead. And other players pint it on a door, thinking the door is the donkey.

In the United States they say that this game is new and that nobody ever played it before; but it is not new, merely another way of playing blindman's buff. It is very curious; children these days play the same games as children did before; people of nations who have never seen each other play the same games. There is much talk about the Greeks and Romans who lived two thousand years ago; but Roman boys played with marbles just the way we do, and Greek girls had dolls with real hair just like the girls of today.

There is a picture showing some Greek girls putting their dolls in front of a statue of Diana, who in those days was like a saint; because the Greeks also believed that there were saints in heaven, and little girls prayed to this Diana to give them long life and always keep them beautiful. It was not only dolls that the children took to Diana, because the little gentleman in the picture, who looks at the goddess with the face of an emperor, takes his little wooden chariot so that Diana will mount it when she goes out to hunt, as they say she does every morning. There was no Diana, of course. Nor any of the other gods to whom the Greeks prayed in beautiful verses and processions and songs. The Greeks were like all new nations, that believe they are masters of the world, just as children do; and because they see that both sun and rain come from the sky, and corn and wheat from the earth, and in the woodlands there are birds and animals good to eat, they pray to the earth and the rain, to the woodland and the sun, and give them the names of men and women, and picture them with human bodies, for they believe they have thoughts and desires the same as themselves and therefore must look like humans.

Diana was the goddess of the woodland. In the Louvre Museum in Paris there is a very lovely statue of Diana, it shows her going hunting with her dog and is modeled so well that she seems to be in motion. Her legs are like a man's leg, so one can see she is a goddess who does a lot of walking. And Greek girls loved their dolls so dearly that when they died, their dolls were buried with them.

All games are not as old as marbles or dolls or cricket or ball or swings or jumping. Blindman's buff is not so old, although it was played in France about a thousand years ago. And children do not know, when their eyes are bandaged, that this game was played by

a very brave French knight who was blinded one day
in a fight and refused to give up his sword or be treat-
ed, but kept on fighting until he died: His name was
Collin-Maillard. So then the king ordered that in sports
contests, called tourneys, one knight always had to go
out to fight with his eyes bandaged so the people of
France would never forget the knight's great courage.
And that is how the game got started.

What really does not seem to be a manly thing is
how the friends of Henry III amused themselves. This
man was also king of France, but not as brave and
generous as Henry IV of Navarre, who came later, but
a ridiculous little man like those who think of nothing
but how to comb their hair and powder themselves like
women, and how to trim their beards into a point. That
is how the friends of Henry III spent their lives: Playing and fighting, because of jealousy, with the court
jesters who hated them for their laziness and told them
so to their faces. Poor France was in a wretched con-
dition, and the working people paid a great part of their
wages so the king and his friends could have gold-
hilted swords and clothes of silk. There were no newspapers then to publish the truth. In those days jesters
were somewhat like newspapers, and kings did not
keep them in their palaces merely to make them laugh,
but to find out what was happening and to be told
the truth, which the jesters told to the knights and the
kings themselves in the form of jokes.

Those jesters were nearly always very ugly or
skinny or fat or humpbacked. One of the saddest paintings in the world is the one of the jesters by the

Spaniard Zamacois. All those unhappy men are waiting for the king to summon them to make him laugh
with their suits with points and little bells, monkey- or
parrot-colored.

Those Negroes in the other picture, naked as they
are, are happier doing their pole dance than are the jesters. Nations, like children, from time to time need
something such as running a lot, laughing a lot, shouting and jumping. The truth is that you cannot do everything you want to do in this life, and what is left un-
done sometimes gushes out like a sort of madness. The
Moors hold a kind of horse fair they call "fantasy."
Poor Fortuny, another Spanish painter, has painted it
very well. His painting depicts the Moors entering the
city at full gallop, their horses as crazy as themselves,
the riders stretched out over the necks of their animals,
kissing them, biting them, firing their long Moorish
shotguns into the air, dismounting without stopping the
race and then mounting again.

They shout as if their chests were bursting. The air
is dark due to gunpowder. Men of all countries, white
or black, Japanese or Indian, need to do something
beautiful and daring, dangerous and full of movement,
like that pole dance of the New Zealand Negroes. New
Zealand is very hot, and its Negroes have proud bodies
like those who do a lot of walking, and they are brave
people who fight for their land as well as they dance at
the pole. They rise and fall and go round and round till
the ropes go straight out from the pole, and they gradually come down to the ground. They let the ropes fly
like a swing, and hold on by a hand, by their teeth, by

a foot or a knee. They bounce against the pole as if they were balls. They shout at each other and embrace.

When the Spaniards came to Mexico, they found that the Indians there had that same pole dance. Those Indians had some very beautiful games. They were very fine men and hard workers and had no knowledge of either gunpowder or bullets, like the soldiers of the Spaniard Cortés, but their city was as if made of silver, and the silver itself wrought like lace as delicately as the finest jewelry. They were as nimble and original in their games as in their works. For the Indians that pole dance was a most agile and daring amusement; they hurled themselves from the height of the top of the pole, about twenty yards above the ground, and flew through the air whirling and tumbling and doing acrobatic feats, being held by nothing but a very strong and slender rope woven by themselves which they called *metate*. It made a person shudder to see such daring; and one old book tells it was "horrible and terrifying, filling one with anguish and fright when one sees it."

The English men believe that the pole game is their own invention, and that they are the only ones who know how to display their skill in the fairs with the bludgeon, which they grab at one end and by the middle; or their skill with the billy club, which they also handle very well. The Canary Islanders, who are very strong men, believe they invented the pole game, not the English; and an islander going through his paces in the air and swinging round and round is indeed something to see. It is the same with wrestling, which in the Canary Islands is taught to children in the schools.

And the pole dance with ribbons tied to the top of it is a very difficult performance, in which each man holds a ribbon of a different color and goes around the pole crisscrossing those ribbons, braiding and unbraiding them in pleasing knots and patterns, never making a mistake. But the Mexican Indians did their pole game as well as the fairer-skinned English or the broader-shouldered Canary Islanders. And they did not use what they knew of this merely for self-defense, but to do exercises on the balance bar like those now done by the Japanese and the Kabyle moors.

And thus one sees that there are five peoples who have done the same thing as the Indians: The New Zealanders, English, Canary Islanders, Japanese, and Moors. All peoples play ball, but among the Indians it was a passion because they thought that a good ball player came down from heaven, and that the Mexican gods, different from those of the Greeks, would come down to tell him how to throw and catch the ball. The ball game, a very curious topic, will be left for another day.

Now, we will tell you about the bar and the balancing acts the Indians did on it, that were tremendously difficult feats. They lay down upon the floor as the Japanese do in the circuses when they are going to do tricks with balls or stunts with a barrel. And on a bar placed across the soles of their feet they supported up to four men, which is more that the Moors can do, because the strongest of the Moors can support four men upon their shoulders but not on the soles of their feet. They called it *tzaá*. First two Indians mounted the ends of a bar, then two more climbed upon the first two, and without falling, the four did a great many stunts and acrobatics. And the Indians had their chess, and their jugglers, who ate flaming wool and expelled it through their noses: But this, like ball playing, will be left for another day; because with stories you have to do what Chichá, the pretty Guatemalan girl, did:

"Chichá, why do you take so long to eat that olive?," someone asked her. And she replied:

"Because it tastes good to me."

HENRY III AND HIS JESTERS PLAYING BOWLS.
ENRIQUE III Y SUS BUFONES, JUGANDO AL BOLICHE.

POLE DANCE IN NEW ZELAND.
LA DANZA DEL PALO EN NUEVA ZELANDIA.

Un juego nuevo y otros viejos

LOS NIÑOS GRIEGOS Y LA DIOSA DIANA

Ahora hay en los Estados Unidos un juego muy curioso, que llaman el juego del burro. En verano, cuando se oyen muchas carcajadas en una casa, es que están jugando al burro. No lo juegan los niños sólo, sino las personas mayores. Y es lo más fácil de hacer. En una hoja de papel grande o en un pedazo de tela blanca se pinta un burro, como del tamaño de un perro. Con carbón vegetal se le puede pintar, porque el carbón de piedra no pinta, sino el otro, el que se hace quemando debajo de una pila de tierra la madera de los árboles. O con un pincel mojado en tinta se puede dibujar también el burro, porque no hay que pintar de negro la figura toda, sino las líneas de afuera, el contorno no más. Se pinta todo el burro, menos la cola. La cola se pinta aparte, en un pedazo de papel o de tela, y luego se recorta, para que parezca una cola de verdad.

Y ahí está el juego, en poner la cola al burro donde debe estar. Lo que no es tan fácil como parece; porque al que juega le vendan los ojos, y le dan tres vueltas antes de dejarlo andar. Y él anda, anda; y la gente sujeta la risa. Y unos le clavan al burro la cola en la pezuña, o en las costillas, o en la frente. Y otros la clavan en la hoja de la puerta, creyendo que es el burro.

Dicen en los Estados Unidos que este juego es nuevo, y nunca lo ha habido antes; pero no es muy nuevo, sino otro modo de jugar a la gallina ciega. Es muy curioso; los niños de ahora juegan lo mismo que los niños de antes; la gente de los pueblos que no se han visto nunca, juegan a las mismas cosas. Se habla mucho de los griegos y de los romanos, que vivieron hace dos mil años; pero los niños romanos jugaban a las bolas, lo mismo que nosotros, y las niñas griegas tenían muñecas con pelo de verdad, como las niñas de ahora.

En la lámina están unas niñas griegas, poniendo sus muñecas delante de la estatua de Diana, que era como una santa de entonces; porque los griegos creían también que en cielo había santos, y a esta Diana le rezaban las niñas, para que las dejase vivir y las tuviese siempre lindas. No eran las muñecas sólo lo que le llevaban los niños, porque ese caballero de la lámina que mira a la diosa con cara de emperador, le trae su cochecito de madera, para que Diana se monte en el coche cuando salga a cazar, como dicen que salía todas las mañanas. Nunca hubo Diana ninguna, por supuesto, ni hubo ninguno de los otros dioses a que les rezaban los griegos, en versos muy hermosos, y con procesiones y cantos. Los griegos fueron como todos los pueblos nuevos, que creen que ellos son los amos del mundo, lo mismo que creen los niños; y como ven que del cielo vienen el sol y la lluvia, y que la tierra da el trigo y el maíz, y que en los montes hay pájaros y animales buenos para comer, les rezan a la tierra y a la lluvia, y al monte y al sol, y les ponen nombres de hombres y mujeres, y los pintan con figura humana, porque creen que piensan y quieren lo mismo que ellos, y que deben tener su misma figura.

Diana era la diosa del monte. En el museo del Louvre de París hay una estatua de Diana muy hermosa, donde va Diana cazando con su perro, y está tan bien que parece que anda. Las piernas no más son como de hombre, para que se vea que es diosa que camina mucho. Y las niñas griegas querían a su muñeca tanto, que cuando se morían las enterraban con las muñecas.

Todos los juegos no son tan viejos como las bolas, ni como las muñecas, ni como el cricket, ni como la pelota, ni como el columpio, ni como los saltos. La gallina ciega no es tan vieja, aunque hace como mil años que se juega en Francia. Y los niños no saben, cuando les vendan los ojos, que este juego se juega por un caballero muy valiente que hubo en Francia, que se quedó ciego un día de pelea y no soltó la espada ni quiso que lo curasen, sino siguió peleando hasta morir: ése fue el caballero Colin-Maillard. Luego el rey mandó que en las peleas de juego, que se llamaban torneos, saliera siempre a pelear un caballero con los ojos vendados, para que la gente de Francia no se olvidara de aquel gran valor. Y ahí vino el juego.

Lo que no parece por cierto cosa de hombres es esa diversión en que están entretenidos los amigos de Enrique III, que también fue rey de Francia, pero no un rey bravo y generoso como Enrique IV de Navarra, que vino después, sino un hombrecito ridículo, como esos que no piensan más que en peinarse y empolvarse como las mujeres, y en recortarse en pico la barba. En eso pasaban la vida los amigos del rey: en jugar y en pelearse por celos con los bufones de palacio, que les tenían odio por holgazanes, y se lo decían cara a cara. La pobre Francia estaba en la miseria, y el pueblo trabajador pagaba una gran contribución, para que el rey y sus amigos tuvieran espadas de puño de oro y vestidos de seda. Entonces no había periódicos que dijeran la verdad. Los bufones eran entonces algo como los periódicos, y los reyes no los tenían sólo en sus palacios para que los hicieran reír, sino para que averiguasen lo que sucedía, y les dijesen a los caballeros las verdades, que los bufones decían como en chiste, a los caballeros y a los mismos reyes.

Los bufones eran casi siempre hombres muy feos, o flacos, o gordos, o jorobados. Uno de los cuadros más tristes del mundo es el cuadro de los bufones que pintó el español Zamacois. Todos aquellos hombres infelices están esperando a que el rey los llame para hacerle reír, con sus vestidos de picos y de campanillas, de color de mono o de cotorra.

Desnudos como están son más felices que ellos esos negros que bailan en la otra lámina la danza del palo. Los pueblos, lo mismo que los niños, necesitan de tiempo en tiempo algo así como correr mucho, reírse mucho y dar gritos y saltos. Es que en la vida no se puede hacer todo lo que se quiere, y lo que se va quedando sin hacer sale así de tiempo en tiempo, como una locura. Los moros tienen una fiesta de caballos que llaman la «fantasía». Otro pintor español ha pintado muy bien la fiesta: el pobre Fortuny. Se ve en el cuadro los moros que entran a escape en la ciudad, con los caballos tan locos como ellos, y ellos disparando al aire sus espingardas, tendidos sobre el cuello de sus animales, besándolos, mordiéndolos, echándose al suelo sin parar la carrera, y volviéndose a montar.

Gritan como si se les abriese el pecho. El aire se ve oscuro de la pólvora. Los hombres de todos los países, blancos o negros, japoneses o indios, necesitan hacer algo hermoso y atrevido, algo de peligro y movimiento, como esa danza del palo de los negros de Nueva Zelandia. En Nueva Zelandia hay mucho calor, y los negros de allí son hombres de cuerpo arrogante, como los que andan mucho a pie, y gente brava, que pelea por su tierra tan bien como danza en el palo. Ellos suben y bajan por las cuerdas, y se van enroscando hasta que la cuerda está a la mitad, y luego se dejan caer. Echan la cuerda a volar, lo mismo que un columpio, y se sujetan de una mano, de los dientes, de un pie, de la rodilla. Rebotan contra el palo, como si fueran pelotas. Se gritan unos a otros y se abrazan.

Los indios de México tenían, cuando vinieron los españoles, esa misma danza del palo. Tenían juegos muy lindos los indios de México. Eran hombres muy finos y trabajadores, y no conocían la pólvora y las balas como los soldados del español Cortés, pero su ciudad era como de plata, y la plata misma la labraban como un encaje, con tanta delicadeza como en la mejor joyería. En sus juegos eran tan ligeros y originales como en sus trabajos. Esa danza del palo fue entre los indios una diversión de mucha agilidad y atrevimiento; porque se echaban desde lo alto del palo, que tenía unas veinte varas, y venían por el aire dando volteos y haciendo pruebas de gimnasio sin sujetarse más que con la soga, que ellos tejían muy fina y fuerte, y llamaban metate. Dicen que estremecía ver aquel atrevimiento; y un libro viejo cuenta que era «horrible y espantoso, que llena de congojas y asusta el mirarlo».

Los ingleses creen que el juego del palo es cosa suya, y que ellos no más saben lucir su habilidad en las ferias con el garrote que empuñan por una punta y por el medio; o con la porra, que juegan muy bien. Los isleños de las Canarias, que son gente de mucha fuerza, creen que el palo no es invención del inglés, sino de las islas; y sí que es cosa de verse un isleño jugando al palo, y haciendo el molinete. Lo mismo que el luchar, que en las Canarias les enseñan a los niños en las escuelas. Y la danza del palo encintado; que es un baile muy difícil en que cada hombre tiene una cinta de un color, y la va trenzando y destrenzando alrededor del palo, haciendo lazos y figuras graciosas, sin equivocarse nunca. Pero los indios de México jugaban al palo tan bien como el inglés más rubio, o el canario de más espaldas; y no era sólo el defenderse con él lo que sabían, sino jugar con el palo a equilibrios, como los que hacen ahora los japoneses y los moros kabilas.

Y ya van cinco pueblos que han hecho lo mismo que los indios: los de Nueva Zelandia, los ingleses, los canarios, los japoneses y los moros. Sin contar la pelota, que todos los pueblos la juegan, y entre los indios era una pasión, como que creyeron que el buen jugador era hombre venido del ciclo, y que los dioses mexicanos, que eran diferentes de los dioses griegos, bajaban a decirle cómo debía tirar la pelota y recogerla. Lo de la pelota, que es muy curioso, será para otro día.

Ahora contamos lo del palo, y lo de los equilibrios que los indios hacían con él, que eran de grandísima dificultad. Los indios se acostaban en la tierra, como los japoneses de los circos cuando van a jugar a las bolas o al barril; y en el palo, atravesado sobre las plantas de los pies, sostenían hasta cuatro hombres, que es más que lo de los moros, porque a los moros los sostiene el más fuerte de ellos sobre los hombros, pero no sobre la planta de los pies. *Tzaá* le decían a este juego: dos indios se subían primero en las puntas del palo, dos más se encaramaban sobre estos dos, y los cuatro hacían sin caerse muchas suertes y vueltas. Y los indios tenían su ajedrez, y sus jugadores de manos, que se comían la lana encendida y la echaban por la nariz: pero eso, como la pelota, será para otro día. Porque con los cuentos se ha de hacer lo que decía Chichá, la niña bonita de Guatemala:

—¿Chichá, por qué te comes esa aceituna tan despacio?

—Porque me gusta mucho.

Bebé and Mr. Don Pomposo

Bebé is an excellent five-year-old child. He has very blond hair falling down his back in curls, as in the picture of King Edward's sons who were murdered in the Tower of London by the rogue Gloucester so he could become king. Bebé was dressed like the young Lord Fauntleroy, the one who was not ashamed to be seen talking in the street with poor children. He wears short trousers fitted tightly at the knees, a sailor-neck blouse, made of white drill like the knee breeches, red silk socks and low shoes. Since people are very fond of him, he is very fond of others. He is not a saint, far from it: He makes faces at his French maid when she does not want to give him any more sweets, and once he sat down with his legs crossed when visiting, and one day he broke a most beautiful flower vase while chasing a cat.

But whenever he sees a barefooted child, he wants to give him all his possessions: Every morning he takes some sugar to his horse, and calls him "my darling little colt:" He spends hour after hour with the elderly servants listening to their tales of their lands in Africa, about when they were princes and kings and had many cows and elephants: and every time Bebé sees his mummy, he puts his little arm around her waist or sits beside her on a footstool to be told how flowers grow, and where sunlight comes from, and what her sewing needle is made of, and if it is true that worms made the silk of her dress, and if worms make earth, as that gentleman with the spectacles said in the living room yesterday. And his mother said yes, indeed, that there are some worms that make little silk homes for themselves, long and round, called cocoons; and that it is now time to go to sleep like the little worms that put themselves into their cocoons until they come out as butterflies.

And then Bebé is truly handsome at bedtime in his nightshirt, with his socks fallen down and his rosy cheeks like those of children who bathe often: an angel without wings like the little angels in the paintings. He hugs his mother very tightly and often, his head bowed as if he wished to remain in her heart. And then he hops and turns somersaults and jumps on the mattress with his arms raised to see if he can reach the blue butterfly painted upon the ceiling. And then he begins to swim as if he were in the bath; or acts as if he were polishing the bed railing because he intends to be a carpenter; or rolls upon the bed like a spool, his blond hair entangled with the red socks. But this night Bebé is quite serious and does not tumble about as on every other night. Nor does he hang from his mother's neck to keep her from leaving him, nor does he tell Luisa, the young French maid, to tell him the story of the great glutton who ate up a melon and died alone. Bebé shuts his eyes but he is not sleepy, he is thinking.

The truth is that Bebé has much to think about because he goes to Paris, as every year, for the good doctors to tell his mummy what medicines to use to cure her cough, that bad cough that Bebé does not like to hear: His eyes fill with tears whenever he hears his mummy cough: and he hugs her very tightly, very tightly, as if he wished to detain her. This time Bebé does not go to Paris alone because he dislikes doing anything by himself, like the melon man, but with a little cousin of his who has no mother. His young cousin Raúl goes to Paris with him for both of them to see the man who calls to the birds, and the store in the Louvre where balloons are given to the children, and the Guignol theater where dolls talk and the policeman carries off the thief to prison, and the good man hits the bad man over the head. Raúl goes to Paris with Bebé. The two together will board the big three-stacked steamer on Saturday. There in the room with Bebé is Raúl, poor Raúl whose hair is not blond and who is not dressed like the little duke, nor does he wear red silk socks.

Bebé and Raúl visited many places today: They went with Bebé's mummy to see the blind who read with their fingers in books with highly raised letters: They went to the street of the newspapers, to see how the poor children, who have no homes where they can sleep, buy newspapers to then sell them to pay for their home: They went to an elegant hotel where there are servants with blue dress coats and yellow trousers, to see a very thin and stuck-up gentleman, mummy's uncle, Mr. Don Pomposo. Bebé is thinking of his visit with Mr. Don Pomposo. Bebé is thinking.

With his eyes shut he is thinking: remembering everything. How tall, how tall mummy's uncle is, just like a telegraph pole! What a large watch chain swinging like a jump rope! How ugly is the big stone in his stickpin, like a piece of glass" He did not let mummy move, put a cushion behind her back and a footstool under her feet, and talked to her as if she were a queen! Bebé remembers what the aged servant says, that people talk like that to mummy because she is very rich, and that mummy is displeased with all that, because mummy is good.

Bebé is thinking again about what happened on that visit. As soon as he entered the room, Mr. Don Pomposo shook hands with him the way men do with daddies; put his little hat on the bed like something holy, and gave him many kisses, ugly ones that stuck to his face like stains. And he neither greeted Raúl, poor Raúl, nor took off his hat, nor gave him a kiss. Raúl was huddled in an armchair, his hat in his hand and his eyes wide open. And then Mr. Don Pomposo got up from the red sofa and said: "Look, look, Bebé, at what I've been keeping for you: This is very expensive, Bebé: it's to make you very fond of your uncle." And he took from his pocket a key ring with about twenty keys on it, and opened a desk drawer that smelled like Luisa's dressing table, and brought to Bebé a gold saber—oh, what a saber! Oh, what a grand saber!—and buckled a patent leather belt around Bebé's waist—oh, what a luxurious patent leather belt!—and he said to him: "Bebé, go to the mirror: Look at yourself. That is a most exquisite saber: It is for Bebé alone, for the little boy." And although Bebé was quite happy, he turned his head toward Raúl who was looking, looking at the saber with eyes bigger than ever, and with a very sad face as if he were about to die:—Oh, what an ugly, so ugly saber! Oh, what a bad uncle! Bebé was thinking of all that. Bebé was thinking.

There is the saber upon the dressing table. Bebé raises his head little by little so Luisa does not hear him, and sees the handle gleaming as of from the sun, because the lamplight is shining directly upon it. That is how the generals' saber looked on the day of the parade, just like Bebé's. When grown up he too is going to be a general in a white drill uniform and a plumed hat, with many soldiers following him, and he will be riding a purple horse the color of a bishop's vestments. He has never seen purple horses, but he will order them to be made. And as for Raúl, who will order horses made for him? Nobody, nobody; Raúl has no mummy to buy him clothes like little dukes wear. Raúl has no tall uncles to buy sabers for him. Bebé gradually lifts his head: Raúl is asleep: Luisa has gone to her room to put on some perfume. Bebé slips out of bed, tiptoes to the dressing table, slowly takes the saber to keep from making any noise... and what is he doing, what is Bebé doing? He is laughing, laughing, the rascal, all the way to Raúl's pillow, and puts the gilden saber upon it.

SEE YOU TOMORROW, BEBÉ.
HASTA MAÑANA, BEBÉ.

Bebé y el señor Don Pomposo

Bebé es un niño magnífico, de cinco años. Tiene el pelo muy rubio, que le cae en rizos por la espalda, como en la lámina de los Hijos del Rey Eduardo, que el pícaro Gloucester hizo matar en la Torre de Londres, para hacerse él rey. A Bebé lo visten como al duquecito Fauntleroy, el que no tenía vergüenza de que lo vieran conversando en la calle con los niños pobres. Le ponen pantaloncitos cortos ceñidos a la rodilla, y blusa con cuello de marinero, de dril blanco como los pantalones, y medias de seda colorada, y zapatos bajos. Como lo quieren a él mucho, él quiere mucho a los demás. No es un santo, ¡oh, no!: le tuerce los ojos a su criada francesa cuando no le quiere dar más dulces, y se sentó una vez en visita con las piernas cruzadas, y rompió un día un jarrón muy hermoso, corriendo detrás de un gato.

Pero en cuanto ve un niño descalzo le quiere dar todo lo que tiene: a su caballo le lleva azúcar todas las mañanas, y lo llama «caballito de mi alma»; con los criados viejos se está horas y horas, oyéndoles los cuentos de su tierra de África, de cuando ellos eran príncipes y reyes. y tenían muchas vacas y muchos elefantes: y cada vez que ve Bebé a su mamá, le echa el bracito por la cintura, o se le sienta al lado en la banqueta, a que le cuente cómo crecen las flores, y de dónde le viene la luz al sol y, de qué está hecha la aguja con que cose, y si es verdad que la seda de su vestido la hacen unos gusanos, y si los gusanos van fabricando la tierra, como dijo ayer en la sala aquel señor de espejuelos. Y la madre le dice que sí, que hay unos gusanos que se fabrican unas casitas de seda, largas y redondas, que se llaman capullos; y que es hora de irse a dormir, como los gusanitos, que se meten en el capullo, hasta que salen hechos mariposas.

Y entonces sí que está lindo Bebé, a la hora de acostarse con sus mediecitas caídas, y su color de rosa, como los niños que se bañan mucho, y su camisola de dormir: lo mismo que los angelitos de las pinturas, un angelito sin alas. Abraza mucho a su madre, la abraza muy fuerte, con la cabecita baja, como si quisiera quedarse en su corazón. Y da brincos y vueltas de carnero, y salta en el colchón con los brazos levantados, para ver si alcanza a la mariposa azul que está pintada en el techo. Y se pone a nadar como en el baño; o a hacer como que cepilla la baranda de la cama, porque va a ser carpintero; o rueda por la cama hecho un carretel, con los rizos rubios revueltos con las medias coloradas. Pero esta noche Bebé está muy serio, y no da volteretas como todas las noches, ni se le cuelga del cuello a su mamá para que no se vaya, ni le dice a Luisa, a la francesita, que le cuente el cuento del gran comelón que se murió solo y se comió un melón. Bebé cierra los ojos; pero no está dormido, Bebé está pensando.

La verdad es que Bebé tiene mucho en qué pensar, porque va de viaje a París, como todos los años, para que los médicos buenos le digan a su mamá las medicinas que le van a quitar la tos, esa tos mala que a Bebé no le gusta oír: se le aguan los ojos a Bebé en cuanto oye toser a su mamá: y la abraza muy fuerte, muy fuerte, como si quisiera sujetarla. Esta vez Bebé no va solo a París, porque él no quiere hacer nada solo, como el hombre del melón, sino con un primito suyo que no tiene madre. Su primito Raúl va con él a París, a ver con él al hombre que llama a los pájaros, y la tienda del Louvre, donde les regalan globos a los niños, y el teatro Guiñol, donde hablan los muñecos, y el policía se lleva preso al ladrón, y el hombre bueno le da un coscorrón al hombre malo. Raúl va con Bebé a París. Los dos juntos se van el sábado en el vapor grande, con tres chimeneas. Allí en el cuarto está Raúl con Bebé, el pobre Raúl, que no tiene el pelo rubio, ni va vestido de duquecito, ni lleva medias de seda colorada.

Bebé y Raúl han hecho hoy muchas visitas: han ido con su mamá a ver a los ciegos, que leen con los dedos, en unos libros con las letras muy altas: han ido a la calle de los periódicos, a ver como los niños pobres que no tienen casa donde dormir, compran diarios para venderlos después, y pagar su casa: han ido a un hotel elegante, con criados de casaca azul y pantalón amarillo, a ver a un señor muy flaco y muy estirado, el tío de mamá, el señor Don Pomposo. Bebé está pensando en la visita del señor Don Pomposo. Bebé está pensando.

Con los ojos cerrados, él piensa: él se acuerda de todo. ¡Qué largo, qué largo el tío de mamá, como los palos del telégrafo! ¡Qué leontina tan grande y tan suelta, como la cuerda de saltar! ¡Qué pedrote tan feo, como un pedazo de vidrio, el pedrote de la corbata! ¡Y a mamá no la dejaba mover, y le ponía un cojín detrás de la espalda, y le puso una banqueta en los pies, y le hablaba como dicen que les hablan a las reinas! Bebé se acuerda de lo que dice el criado viejito, que la gente le habla así a mamá, porque mamá es muy rica, y que a mamá no le gusta eso, porque mamá es buena.

Y Bebé vuelve a pensar en lo sucedió en la visita. En cuanto entró en el cuarto el señor Don Pomposo le dio la mano, como se la dan los hombres a los papás; le puso el sombrerito en la cama, como si fuera una cosa santa, y le dio muchos besos, unos besos feos, que se le pegaban a la cara, como si fueran manchas. Y a Raúl, al pobre Raúl, ni lo saludó, ni le quitó el sombrero, ni le dio un beso. Raúl estaba metido en un sillón, con el sombrero en la mano, y con los ojos muy grandes. Y entonces se levantó Don Pomposo del sofá colorado: «Mira, mira, Bebé, lo que te tengo guardado: esto cuesta mucho dinero, Bebé: esto es para que quieras mucho a tu tío». Y se sacó del bolsillo un llavero como con treinta llaves, y abrió una gaveta que olía a lo que huele el tocador de Luisa, y le trajo a Bebé un sable dorado—¡oh, que sable! ¡oh, qué gran sable! —y le abrochó por la cintura el cinturón de charol—¡oh, qué cinturón tan lujoso! —y le dijo: «Anda, Bebé: mírate al espejo; ése es un sable muy rico: eso no es más que para Bebé, para el niño». Y Bebé, muy contento, volvió la cabeza adonde estaba Raúl, que lo miraba, miraba al sable, con los ojos más grandes que nunca, y con la cara muy triste, como si se fuera a morir: ¡oh, que sable tan feo, tan feo! ¡oh, qué tío tan malo! En todo eso estaba pensando Bebé. Bebé estaba pensando.

El sable está allí, encima del tocador. Bebé levanta la cabeza poquito a poco, para que Luisa no lo oiga, y ve el puño brillante como si fuera de sol, porque la luz de la lámpara da toda en el puño. Así eran los sables de los generales el día de la procesión, lo mismo que el de él. El también, cuando sea grande, va a ser general, con un vestido de dril blanco, y un sombrero con plumas, y muchos soldados detrás, y él en un caballo morado, como el vestido que tenía el obispo. El no ha visto nunca caballos morados, pero se lo mandarán a hacer. Y a Raúl ¿quién le manda hacer caballos? Nadie, nadie: Raúl no tiene mamá que le compre vestidos de duquecito: Raúl no tiene tíos largos que le compren sables. Bebé levanta la cabecita poco a poco: Raúl está dormido: Luisa se ha ido a su cuarto a ponerse olores. Bebé se escurre de la cama, va al tocador en la punta de los pies, levanta el sable despacio, para que no haga ruido... y ¿qué hace, qué hace Bebé? ¡va riéndose, va riéndose el pícaro! hasta que llega a la almohada de Raúl, y le pone el sable dorado en la almohada.

The Last Page

The Golden Age is sorry to have to bid goodbye to its friends today. The man of *The Golden Age* started to write at length, as if he were writing an affectionate letter to a person he dearly loves, and it turned out that he wrote more than can fit into the thirty-two pages. Thirty-two pages are truly too few for conversing with his beloved children, those who must be as skilled tomorrow as Meñique and as brave as Bolívar: No longer will there be poets like Homer, because these times are not like the ancient ones, and present-day bards should not sing about barbaric wars of nation against nation to see which one is more powerful, or about contests between men to see who is stronger: What present-day poets must do is to advise men to dearly love each other, and describe all the world's beauty so it may be seen in verse as if it were painted in colors. They must punish with their poetry, as if with a whip, those who want to rob men of their liberty, or rob people of their money, by means of some crafty laws, or wish that the men of their country would obey them like sheep and lick their hands like dogs.

Poetry must not be composed to say that a person is happy or sad, but to be useful to the world, showing it that Nature is beautiful, that life is a duty, that death is not ugly, that nobody should be sad or cowardly as long as there are books in bookstores, and light in the sky, and friends and mothers. Let the sorrowful person read Plutarch's *Lives,* which makes one want to be like those men of long ago, and even better, because the earth has been alive for a long time now, and men can be more loving and sensitive. Formerly, everything was done with fists: Now, strength lies in knowledge rather than in blows; although it is good to learn how to defend oneself, because there are always beastly people in the world, and because strength gives health, and because a person has to be ready to fight if a robber nation wants to come to rob our nation. For that reason it is good to be strong of body; but for the rest of life, strength lies in having much knowledge, as Pinkie says. In the times of Homer, the one who finally won the place and entered Troy was not Ajax of the shield, or Achilles of the lance, or Diomedes of the chariot, but Ulysses who was a man of ingenuity, and gave peace to the envious, and promptly thought of what did not occur to the others.

What happened with the first number of *The Golden Age* is happening with this last page, there isn't room enough for what the children's friends wished to say to them, so in the August number there will be *The History of Man as Told by His Houses,* because there was no room enough this time. It is a most curious story telling how men have lived, from their first abode on earth, which was a cave in the mountain, to the palaces in which they live now. Nor was there room for a very entertaining explanation of how eating utensils are made. Because children should neither see nor touch nor think about anything they cannot explain. That is why *The Golden Age* is being published. And for all they want to ask, here is their friend.

These last pages will be like *The Golden Age*'s intimacy room, where we shall talk together as if we were in a family. Here we shall publish the letters of our little friends among the girls: Here we shall answer questions from the boys: Here we shall have a *Stamp Pouch* where anyone who has stamps to send, or wishes to buy them, or wants to make a collection, or asks some interesting question about stamps, needs only write to achieve what he desires. And from time to time *Grandfather Andrés* will pay us a visit; he has a wonderful box filled with many odd things, and he will show us all he has in *The Box of Marvels*.

THE GOLDEN AGE

La última página

La Edad de Oro se despide hoy con pena de sus amigos. Se puso a escribir largo el hombre de *La Edad de Oro*, como quien escribe una carta de cariño para persona a quien quiere mucho, y sucedió que escribió más de lo que cabía en las treinta y dos páginas. Treinta y dos páginas es de veras poco para conversar con los niños queridos, con los que han de ser mañana hábiles como meñique, y valientes como Bolívar: poetas como Homero ya no podrán ser, porque estos tiempos no son como los de antes, y los aedas de ahora no han de cantar guerras bárbaras de pueblo con pueblo para ver cuál puede más, ni peleas de hombre con hombre para ver quién es más fuerte: lo que ha de hacer el poeta de ahora es aconsejar a los hombres que se quieran bien, y pintar todo lo hermoso del mundo, de manera que se vea en los versos como si estuviera pintado con colores, y castigar con la poesía como con un látigo, a los que quieran quitar a los hombres su libertad, o roben con leyes pícaras el dinero de los pueblos, o quieran que los hombres de su país les obedezcan como ovejas y le laman la mano como perros.

Los versos no se han de hacer para decir que se está contento o se está triste, sino para ser útil al mundo, enseñándole que la Naturaleza es hermosa, que la vida es un deber, que la muerte no es fea, que nadie debe estar triste ni acobardarse mientras haya libros en las librerías, y luz en el cielo, y amigos, y madres. El que tenga penas, lea las *Vidas Paralelas* de Plutarco, que dan deseo de ser como aquellos hombres de antes, y mejor, porque ahora la tierra ha vivido más, y se puede ser hombre de más amor y delicadeza. Antes todo se hacía con los puños: ahora la fuerza está en el saber, más que en los puñetazos; aunque es bueno aprender a defenderse, porque siempre hay gente bestial en el mundo, y porque la fuerza da salud, y porque se ha de estar pronto a pelear, para cuando un pueblo ladrón quiera venir a robarnos nuestro pueblo. Para eso es bueno ser fuerte de cuerpo; pero para lo demás de la vida, la fuerza está en saber mucho, como dice Meñique. En los mismos tiempos de Homero, el que ganó por fin el sitio, y entró en Troya, no fue Ajax, el del escudo, ni Aquiles, el de la lanza, ni Diómedes, el del carro, sino Ulises, que era el hombre de ingenio, y ponía en paz a los envidiosos, y pensaba pronto lo que no les ocurría a los demás.

Con esta última página está sucediendo lo que con el primer número de *La Edad de Oro*; que no va a caber lo que el amigo de los niños les quería decir, y es que en el número de agosto se publicará una *Historia del hombre contada por sus casas*, que no cupo esta vez, historia muy curiosas, donde se cuenta como ha vivido el hombre, desde su primera habitación en la tierra, que fue una cueva en la montaña, hasta los palacios en que vive ahora. Ni cupo tampoco una explicación muy entretenida del modo de fabricar un cubierto de mesa. Porque es necesario que los niños no vean, no toquen, no piensen en nada que no sepan explicar. Para eso se publica *La Edad de Oro*. Y para todo lo que quieran preguntar, aquí está el amigo.

Estas últimas páginas serán como el cuarto de confianza de *La Edad de Oro*, donde conversaremos como si estuviésemos en familia. Aquí publicaremos las cartas de nuestras amiguitas: aquí responderemos a las preguntas de los niños: aquí tendremos la Bolsa de Sellos, donde el que tenga sellos que mandar, o lo quiera comprar, o quiera hacer colección, o preguntar sobre sellos algo que le interese, no tiene más que escribir para lograr lo que desea. Y de cuando en cuando nos hará aquí una visita *El abuelo Andrés*, que tiene una caja maravillosa con muchas cosas raras, y nos va a enseñar todo lo que tiene en *La Caja de las Maravillas*.

LA EDAD DE ORO

La Edad de Oro

A MONTHLY PUBLICATION

OF

RECREATION AND KNOWLEDGE,

DEDICATED TO THE CHILDREN OF AMERICA.

Publisher: A. Da Costa Gómez   Author: José Martí

Offices: William Street 77, New York

A new issue of *The Golden Age* is published in New York on the first day of every month, including unabridged and adequate articles, set in a way that they will respond to the special needs of the Spanish-speaking nations of the Americas, so these issues can contribute, directly and pleasantly, to the orderly and useful learning of our boys and girls, without any useless translations of papers written for children of different natures and countries.

This enterprise of *The Golden Age* wishes to place a volume in the hands of the children of the Americas that will entertain and rejoice them; that will teach them without weariness; that will tell them in a picturesque summary about the past and the present; that will stimulate them to use their mental and physical capabilities on an equal basis; to love feelings more than to love sentimentality; to substitute a sickly and rhetorical poetry still in fashion with another healthy and useful poetry born from the knowledge of the world; to study preferably the laws, agents and history of the soil upon which they will toil for the glory of their good names and the needs of their livelihood.

Each issue includes interesting articles to be read like a story which are a true summary about science, industry, art, history and literature, plus articles about travels, biography, descriptions of games and customs, fables and verse. The selected subjects will always be such that no matter how much tutorship they might include, they will not seem to do so, nor will they alarm their younger readers with a scientific title or an ostentatious language.

The articles of *The Golden Age* will be accompanied by illustrations of true merit, very original, well reproduced by the best methods, and chosen among the work of the best artists to complement the written matter and to make learning easier and more lasting. Each issue is printed with great care and legibility, so these periodicals are an invitation for children to read, while giving them an example of tidiness, order and art.

Each issue includes 32 pages set in two columns with fine typesetting and excellent paper, with numerous illustrations and drawings by the best artists, reproducing custom, game and travel scenes; famous paintings; portraits of famous men and women; noteworthy characters; and machines and equipment used to day by industry and science.

Each monthly issue is sold for 25 cents a copy in new stands and in the main bookstores in each country. Subscription orders can be mailed to our editorial office in New York's William Street 77 for a price of 75 cents for one trimester, $1.50 for one semester or $3.00 for one year (U.S. gold currency) to make purchases easier for those residents where there are no bookstores or whose bookstores do not sell *The Golden Age*.

La Edad de Oro

PUBLICACIÓN MENSUAL

DE

RECREO E INSTRUCCIÓN,

DEDICADA A LOS NIÑOS DE AMÉRICA.

Editor: A. Da Costa Gómez   Redactor: José Martí

Administración, William Street 77, New York

Cada día primero de mes se publica en New York un número de *La Edad de Oro*, con artículos completos y propios, y compuesto de manera que responda a las necesidades especiales de los países de lengua española en América, y contribuya todo en cada número directa y agradablemente a la instrucción ordenada y útil de nuestros niños y niñas, sin traducciones vanas de trabajos escritos para niños de carácter y de países diversos.

La empresa de *La Edad de Oro* desea poner en las manos del niño de América un libro que lo ocupe y regocije, le enseñe sin fatiga, le cuente en resumen pintoresco lo pasado y lo contemporáneo, le estimule a emplear por igual sus facultades mentales y físicas, a amar el sentimiento más que lo sentimental, a reemplazar la poesía enfermiza y retórica que está aún en boga, con aquella otra sana y útil que nace del conocimiento del mundo; a estudiar de preferencia las leyes, agentes e historia de la tierra donde ha de trabajar por la gloria de su nombre y las necesidades del sustento.

Cada número contiene, en lectura que interesa como un cuento, artículos que son verdaderos resúmenes de ciencias, industrias, artes, historia y literatura, junto con artículos de viajes, biografías, descripciones de juegos y de costumbres, fábulas y versos. Los temas escogidos serán siempre tales que, por mucha doctrina que lleven en sí, no parezca que la llevan, ni alarmen al lector de pocos años con el título científico ni con el lenguaje aparatoso.

Los artículos de *La Edad de Oro* irán acompañados de láminas de verdadero mérito, bien originales, bien reproducidas por los mejores métodos de entre las que se escojan de las obras de los buenos dibujantes, para completar la materia escrita, y hacer su enseñanza más fácil y duradera. Y el número está impreso con gran cuidado y claridad, de modo que el periódico convide al niño a leerlo, y le dé ejemplo vivo de limpieza, orden y arte.

El número consta de 32 páginas de dos columnas, de fina tipografía y papel excelente, con numerosas láminas y viñetas de los mejores artistas, reproduciendo escenas de costumbres, de juegos y de viajes, cuadros famosos, retratos de mujeres y hombres célebres, tipos notables, y máquinas y aparatos de los que se usan hoy en las industrias y en las ciencias.

Los números se venden sueltos en la agencias del periódico, y en las principales librerías de cada país, a 25 centavos. Se reciben pedidos en la administración, New York, William Street, 77, acompañados de su importe por un trimestre: 75 cts.; un semestre: $1.50;

o un año: $3.00 (oro americano), para facilitar la adquisición del número a los que residan en lugares donde no haya librerías, o en cuyas librerías no esté de venta *La Edad de Oro*.

Editorial Voces de Hoy

www.vocesdehoy.net

editorialvocesdehoy@yahoo.com

Made in the USA
Columbia, SC
16 October 2021

47280048R00087